Projet OCDE/G20 sur l'érosion de la base d'imposition et le transfert de bénéfices

Règles de communication obligatoire d'informations, Action 12 - Rapport final 2015

Ce document et toute carte qu'il peut comprendre sont sans préjudice du statut de tout territoire, de la souveraineté s'exerçant sur ce dernier, du tracé des frontières et limites internationales, et du nom de tout territoire, ville ou région.

Merci de citer cet ouvrage comme suit :
OCDE (2016), *Règles de communication obligatoire d'informations, Action 12 - Rapport final 2015*, Projet OCDE/G20 sur l'érosion de la base d'imposition et le transfert de bénéfices, Éditions OCDE, Paris.
http://dx.doi.org/10.1787/9789264252417-fr

ISBN 978-92-64-25239-4 (imprimé)
ISBN 978-92-64-25241-7 (PDF)

Série : Projet OCDE/G20 sur l'érosion de la base d'imposition et le transfert de bénéfices
ISSN 2313-2620 (imprimé)
ISSN 2313-2639 (en ligne)

Crédits photo : Couverture © ninog – Fotolia.com

Les corrigenda des publications de l'OCDE sont disponibles sur : *www.oecd.org/about/publishing/corrigenda.htm.*

Avant-propos

Les questions fiscales internationales sont aujourd'hui plus que jamais au cœur des préoccupations des pouvoirs publics. L'intégration des économies et des marchés nationaux a connu une accélération marquée ces dernières années, mettant à l'épreuve le cadre fiscal international conçu voilà plus d'un siècle. Les règles en place ont laissé apparaître des fragilités qui sont autant d'opportunités pour des pratiques d'érosion de la base d'imposition et de transfert de bénéfices (BEPS), appelant une action résolue de la part des dirigeants pour restaurer la confiance dans le système et faire en sorte que les bénéfices soient imposés là où les activités économiques sont réalisées et là où la valeur est créée.

À la suite de la parution du rapport intitulé *Lutter contre l'érosion de la base d'imposition et le transfert de bénéfices* en février 2013, les pays de l'OCDE et du G20 ont adopté en septembre 2013 un Plan d'action en 15 points visant à combattre ces pratiques. Les 15 actions à mener s'articulent autour de trois principaux piliers : harmoniser les règles nationales qui influent sur les activités transnationales, renforcer les exigences de substance dans les standards internationaux existants, et améliorer la transparence ainsi que la certitude.

Depuis lors, tous les pays de l'OCDE et du G20 ont œuvré sur un pied d'égalité, et la Commission européenne a également apporté sa contribution tout au long du projet BEPS. Les pays en développement ont été étroitement associés au moyen de différents mécanismes, notamment une participation directe aux travaux du Comité des affaires fiscales. En outre, des organisations fiscales régionales, comme le Forum sur l'administration fiscale africaine (ATAF), le Centre de rencontres et d'études des dirigeants des administrations fiscales (CREDAF), et le Centre interaméricain des administrations fiscales (CIAT), ont travaillé aux côtés d'organisations internationales, telles que le Fonds monétaire international (FMI), la Banque mondiale et les Nations Unies. Les parties prenantes ont été largement consultées : au total, le projet BEPS a fait l'objet de plus de 1 400 contributions d'entreprises, de fiscalistes, d'ONG et d'universitaires. 14 réunions publiques de consultation se sont tenues et ont été transmises en direct sur l'Internet, tandis que le Secrétariat de l'OCDE a diffusé des sessions interactives sur le Web afin de tenir le public informé de l'évolution du projet et de répondre à ses questions.

Après deux ans de travail, les 15 rapports prévus par le Plan d'action ont été établis. Tous ces rapports, y compris ceux publiés à titre provisoire en 2014, ont été réunis au sein d'un ensemble complet de mesures, qui représente le premier remaniement d'importance des règles fiscales internationales depuis près d'un siècle. La mise en œuvre des nouvelles mesures devrait conduire les entreprises à déclarer leurs bénéfices là où les activités économiques qui les génèrent sont réalisées et là où la valeur est créée. Les stratégies de planification fiscale qui s'appuient sur des règles périmées ou sur des dispositifs nationaux mal coordonnés seront caduques.

La mise en œuvre revêt donc une importance cruciale à ce stade. L'application des mesures prévues passe par des modifications de la législation et des pratiques nationales et par l'adoption de nouvelles dispositions conventionnelles, grâce à la négociation d'un instrument multilatéral qui devrait aboutir en 2016. Les pays de l'OCDE et du G20 ont également décidé de poursuivre leur coopération en vue de garantir une application cohérente et coordonnée des recommandations issues du projet BEPS. La mondialisation exige de trouver des solutions de portée mondiale et de nouer un dialogue mondial qui va au-delà des pays de l'OCDE et du G20. Pour promouvoir cet objectif, les pays de l'OCDE et du G20 concevront en 2016 un mécanisme complet de suivi auquel tous les pays intéressés participeront sur un pied d'égalité.

Une meilleure compréhension de la manière dont les recommandations issues du projet BEPS sont mises en pratique pourrait limiter les malentendus et les différends entre États. Une attention accrue portée à la mise en œuvre des actions et à l'administration de l'impôt pourrait être bénéfique tant pour les États que pour les entreprises. Enfin, des solutions sont proposées pour améliorer les données et les analyses, ce qui permettra d'évaluer et de quantifier régulièrement l'impact des mécanismes d'érosion de la base d'imposition et transfert de bénéfices et les résultats des mesures issues du projet BEPS appliquées pour lutter contre ces pratiques.

Table des matières

Graphiques

Tableau

Encadrés

Abréviations et acronymes

BEPS	Érosion de la base d'imposition et transfert de bénéfices (*Base Erosion and Profit Shifting*)
CAD	Dollar canadien
ARC	Agence du revenu du Canada
DD	Double déduction
D/NI	Déduction/absence d'inclusion
DOTAS	Déclaration des montages ayant pour objet l'évasion fiscale (législation du Royaume-Uni)
EUR	Euro
FTA	Forum sur l'administration fiscale (*Forum on Tax Administration*)
GAAR	Règle générale de lutte contre l'évasion fiscale (*General Anti-Avoidance Rule*)
GBP	Livre sterling
HMRC	HM Revenue & Customs (Royaume-Uni)
IRC	Code américain des impôts (États-Unis)
IRS	*Internal Revenue Service*
JITSIC	*Joint International Tax Shelter Information and Collaboration Network*
OCDE	Organisation de coopération et de développement économiques
OTSA	Bureau d'analyse des niches fiscales
RTAT	Régime de déclaration des opérations d'évitement fiscal
SARS	Administration fiscale sud-africaine
SEC	Société étrangère contrôlée
SPOC	Point de contact unique (*Single Point of Contact*)
NRM	Numéro de référence du montage
UK	Royaume-Uni
US	États-Unis d'Amérique
USD	Dollar des États-Unis
TVA	Taxe sur la valeur ajoutée
ZAR	Rand sud-africain

Synthèse

L'une des principales difficultés rencontrées par les autorités fiscales à travers le monde est l'accès à des informations exhaustives, pertinentes et transmises en temps voulu concernant les stratégies de planification fiscale à caractère agressif. L'accès en temps opportun à de telles informations permet aux pays concernés de réagir rapidement face aux risques fiscaux en procédant à une évaluation éclairée de ces risques, à des vérifications ou à des modifications de leurs textes législatifs ou réglementaires. L'Action 12 du *Plan d'action concernant l'érosion de la base d'imposition et le transfert de bénéfices* (Plan d'action BEPS, OCDE, 2013) souligne l'intérêt des outils conçus pour améliorer le flux de renseignements sur les risques fiscaux transmis aux administrations et aux responsables de la politique fiscale, et préconise d'élaborer des recommandations concernant la définition d'un régime de communication obligatoire d'informations applicable à des transactions, dispositifs ou structures de nature agressive ou abusive, en tenant compte des coûts administratifs encourus par les autorités fiscales et les entreprises et en se référant à l'expérience du nombre croissant de pays ayant adopté de telles règles.

Ce rapport offre un cadre modulaire qui permet aux pays qui n'ont pas de règles relatives à l'obligation déclarative de définir un régime qui prend en considération leurs besoins d'obtenir des informations en temps opportun qui portent sur les régimes de planification fiscale potentiellement agressifs ou abusifs ainsi que sur leurs utilisateurs. Les recommandations de ce rapport ne représentent pas un standard minimum et les pays sont libres de choisir de mettre en place ou non un régime de communication obligatoire d'informations. Elles offrent à un pays qui souhaite se doter d'un tel régime la flexibilité nécessaire pour concilier le besoin d'obtenir des informations de meilleure qualité en temps opportun et les obligations de discipline incombant aux contribuables. Ce rapport énonce également des recommandations spécifiques portant sur les règles qui ciblent les montages fiscaux internationaux ainsi que sur l'élaboration et la mise en œuvre d'un partage de l'information et d'une coopération plus efficaces entre administrations fiscales.

Principes directeurs et objectifs d'un régime de communication obligatoire d'informations

Les régimes de communication obligatoire d'informations doivent être clairs et faciles à comprendre ; ils doivent trouver un équilibre entre les coûts supplémentaires de mise en conformité pour les contribuables et les gains obtenus par les administrations fiscales ; atteindre leurs objectifs avec efficacité ; recenser précisément les montages qui font l'objet d'une déclaration ; être suffisamment flexibles et dynamiques pour permettre à l'administration fiscale d'apporter au système les correctifs requis pour faire face aux nouveaux risques (ou exclure les risques devenus obsolètes) et garantir une utilisation efficace des informations obtenues.

L'objectif principal des régimes de communication obligatoire d'informations est d'accroître la transparence en fournissant aux administrations fiscales des informations en temps opportun concernant les montages fiscaux potentiellement agressifs ou abusifs et d'identifier les fiscalistes et utilisateurs de ces montages. Un autre objectif est d'ordre dissuasif : les contribuables réfléchiront plusieurs fois avant de s'engager dans un montage si celui-ci doit faire l'objet d'une déclaration. Ces régimes exercent aussi une pression sur le marché de l'évasion fiscale car les fiscalistes et les utilisateurs n'auront qu'un créneau limité pour déployer de tels montages avant qu'ils soient supprimés.

Les régimes de communication obligatoire d'informations complètent les autres types d'obligations de communication et de divulgation, comme les programmes de discipline fiscale fondés sur la coopération, mais s'en démarquent aussi parce qu'ils sont spécifiquement conçus pour détecter les schémas de planification fiscale qui exploitent les faiblesses du système fiscal, tout en offrant aux administrations fiscales la latitude de choisir les seuils, les marqueurs et les filtres qui ciblent les transactions ayant un intérêt particulier et les domaines perçus comme étant à risque.

Caractéristiques fondamentales d'un régime de communication obligatoire d'informations

Les paramètres suivants doivent être pris en compte pour concevoir un régime de communication obligatoire d'informations efficace : les catégories de personnes visées, la nature des informations qu'elles doivent transmettre, le moment où l'information doit être communiquée, et les conséquences en cas de manquement. En référence à ces paramètres de conception, le rapport recommande que les pays qui mettent en place des régimes de communication obligatoire d'informations :

- imposent une obligation déclarative incombant simultanément au fiscaliste et au contribuable ; ou à défaut, en premier lieu au fiscaliste ou au contribuable ;
- comprennent des marqueurs spécifiques ainsi que des marqueurs généraux, la présence de chacun déclenchant une obligation déclarative. Les marqueurs généraux correspondent à des caractéristiques communes aux montages visant à échapper à l'impôt, comme l'existence d'une clause de confidentialité ou le versement d'une prime de résultat. Les marqueurs spécifiques ciblent des aspects présentant un risque particulier, comme les pertes ;
- mettent en place un mécanisme pour suivre les informations communiquées et faire le lien entre les renseignements transmis par les fiscalistes et par les clients, car l'identification des utilisateurs de montages fiscaux constitue un élément essentiel de tout régime de communication obligatoire d'informations. Les régimes existants les identifient au moyen de numéros de référence attribués aux montages et/ou en obligeant les fiscalistes à fournir la liste de leurs clients. En revanche, si un pays décide que l'obligation déclarative concerne, en premier lieu, les fiscalistes, il lui est recommandé d'attribuer aux montages des numéros de référence et d'exiger des fiscalistes qu'ils communiquent la liste de leurs clients, dans la mesure où le droit interne l'autorise ;
- coordonnent le calendrier de communication des informations avec l'offre du montage aux contribuables lorsque l'obligation incombe au fiscaliste ; lient ce calendrier à la mise en œuvre du montage lorsque l'obligation incombe au contribuable ;
- introduisent des sanctions (y compris des sanctions non pécuniaires) pour faire respecter le régime de communication obligatoire d'informations conformément aux dispositions générales de leur droit interne.

Montages fiscaux internationaux visés

En raison des différences entre les montages fiscaux transfrontaliers et les montages fiscaux limités à un pays, il est plus difficile de cibler les montages internationaux au moyen de régimes de communication obligatoire d'informations. Certains montages internationaux ont tendance à être spécifiquement conçus pour une transaction ou un contribuable en particulier, et peuvent faire intervenir de nombreuses parties et des avantages fiscaux dans différentes juridictions, ce qui rend ces montages plus difficiles à cibler avec des marqueurs internes. Afin de remédier à ces problèmes, le rapport recommande que :

- les pays développent des marqueurs qui ciblent les pratiques transfrontalières de BEPS qui les préoccupent. Un dispositif ou un montage qui incorpore un tel résultat transfrontalier ne devra toutefois être divulgué que dans le cas où le dispositif comprend une transaction avec un contribuable résident et qu'il a une incidence fiscale significative dans le pays déclarant et si le contribuable avait connaissance ou aurait dû avoir connaissance du résultat transfrontalier ;
- les contribuables qui se livrent à des transactions intragroupe ayant des conséquences fiscales significatives doivent entreprendre des démarches raisonnables pour déterminer si la transaction fait partie d'un dispositif qui comprend un résultat transfrontalier devant être spécifiquement déclaré en vertu du régime de communication obligatoire d'informations en vigueur dans leur juridiction d'origine.

Le rapport illustre l'application de ces recommandations par un exemple qui traite d'un dispositif hybride importé du type visé par le rapport OCDE/G20 concernant le BEPS intitulé *Neutraliser les effets des dispositifs hybrides, Action 2 – Rapport final 2015* (OCDE, 2016).

Améliorer l'échange d'informations

La transparence est l'un des trois piliers du Projet BEPS et un certain nombre de mesures élaborées au cours du Projet donneront lieu à l'échange d'informations complémentaires avec ou entre les administrations fiscales. Le Réseau JITSIC étendu (Joint International Tax Shelter Information and Collaboration Network), sous l'égide du Forum sur l'administration fiscale de l'OCDE, offre une plateforme internationale pour améliorer la coopération entre administrations fiscales fondées sur les instruments juridiques existants, ce qui peut englober la coopération entourant les renseignements obtenus par les pays participants en vertu des régimes de communication obligatoire d'informations.

Introduction

1. Les pouvoirs publics ont besoin d'accéder en temps utile à des informations pertinentes pour identifier les risques fiscaux induits par les stratégies de planification fiscale et y faire face. L'accès aux bonnes informations à un stade précoce permet à l'administration fiscale d'améliorer la vitesse et la précision de son évaluation des risques par rapport à un simple dispositif de discipline fiscale spontanée et de contrôle fiscal. Parallèlement, l'identification rapide de problèmes de civisme des contribuables offre aussi aux services fiscaux une plus grande latitude pour réagir au risque fiscal et permet aux responsables de la politique fiscale de prendre des décisions éclairées au moment opportun sur les réponses législatives ou réglementaires adaptées afin de protéger les recettes fiscales.

2. En conséquence, plusieurs pays ont mis au point en matière de communication de renseignements des initiatives pour obtenir des informations en temps utile sur le comportement des contribuables et pour faciliter l'identification précoce de nouveaux problèmes de politique fiscale. Parmi ces initiatives figurent des décisions administratives, des réductions de sanctions en cas de déclaration spontanée, le recours à des programmes de discipline fiscale coopérative et à des obligations déclaratives supplémentaires, ainsi que des régimes de communication obligatoire d'informations. L'objectif de ces initiatives est de contraindre ou d'inciter les contribuables et leurs conseillers à communiquer à l'administration des informations pertinentes sur le respect des obligations fiscales qui soient plus détaillées et récentes que celles figurant dans une déclaration de revenus.

3. Les régimes de communication obligatoire d'informations diffèrent des autres initiatives de déclaration et de discipline fiscales dans la mesure où ils ont précisément pour vocation d'imposer aux contribuables et aux fiscalistes d'informer de manière précoce l'administration de l'existence de dispositifs de planification fiscale à caractère potentiellement agressif ou abusif s'ils relèvent de la définition d'un *montage fiscal devant faire l'objet d'une déclaration* énoncée dans le cadre de ce régime. En conséquence, l'obligation déclarative présente plusieurs avantages par rapport à d'autres formes d'initiatives de communication de renseignements et permet aux administrations fiscales d'obtenir des informations des contribuables et des fiscalistes sur les dispositifs de planification fiscale d'un large éventail de contribuables et de recueillir ces renseignements au début du processus de discipline fiscale (dans certains cas avant même que les structures soient mises en œuvre). En outre, elle permet une réaction accélérée (officielle, administrative ou réglementaire) face à des transactions considérées comme visant à échapper à l'impôt.

4. Les régimes de communication obligatoire d'informations offrent également la latitude d'une approche suffisamment souple qui permet aux services fiscaux de choisir des marqueurs et d'appliquer des critères et des filtres afin d'axer l'obligation déclarative sur certains aspects du risque perçu. Les éléments modulaires du régime peuvent être personnalisés pour se conformer aux règles relatives à l'obligation déclarative et de discipline fiscale en vigueur, pour s'adapter aux changements de priorités de la politique fiscale et pour minimiser la charge du respect des obligations fiscales par les contribuables.

L'action 12

5. Le Plan d'action BEPS reconnaît qu'une des principales difficultés rencontrées par l'administration fiscale tient à l'absence d'informations exhaustives, pertinentes et transmises en temps utile sur les stratégies de planification fiscale à caractère potentiellement agressif ou abusif. Or le *Plan d'action concernant l'érosion de la base d'imposition et le transfert de bénéfices* (Plan d'action BEPS, OCDE, 2013) relève que les pouvoirs publics doivent impérativement disposer de telles informations pour pouvoir identifier rapidement les domaines à risque en matière de politique et de recettes fiscales. Si les vérifications sont toujours une source essentielle d'informations sur l'optimisation fiscale, elles se heurtent néanmoins à un certain nombre de contraintes comme l'absence d'outils de détection précoce des montages visant à échapper à l'impôt. L'action 12 fait le constat de l'utilité des initiatives de communication de renseignements pour résoudre ces problèmes et invite les pays membres de l'OCDE et du G20 à :

> élaborer des recommandations relatives à la conception de règles relatives à l'obligation déclarative des opérations, dispositifs ou structures à caractère agressif ou abusif, en tenant compte des coûts administratifs pour les services fiscaux et les entreprises, et en s'inspirant de l'expérience du nombre croissant de pays dotés de telles règles. L'organisation des travaux doit être suffisamment souple pour garantir une cohérence maximale tout en prenant en considération les besoins et risques propres à chaque pays. L'accent sera mis sur les montages fiscaux internationaux, en s'efforçant de parvenir à une définition large du concept d'"avantage fiscal" qui puisse englober ces opérations. Ces travaux seront menés en coordination avec ceux relatifs à la discipline fiscale coopérative. Il s'agira aussi de concevoir et de mettre en place des modèles améliorés de partage de l'information sur les montages fiscaux internationaux entre administrations fiscales.

6. L'action 12 recense par conséquent trois principaux objectifs :

- formuler des recommandations pour la définition, selon une approche suffisamment souple, de règles relatives à l'obligation déclarative de communication obligatoire d'informations ;
- privilégier les montages fiscaux internationaux et réfléchir à une définition dans son sens large du concept d'avantage fiscal qui puisse englober les transactions en cause ; et
- concevoir et mettre en place des modèles améliorés de partage de l'information pour les montages fiscaux internationaux.

7. L'action 12 dispose que les recommandations relatives à l'élaboration de règles relatives à l'obligation déclarative doivent garantir une cohérence maximale entre les pays tout en tenant compte des besoins et risques propres à chaque pays et des coûts pour les services fiscaux et les entreprises. Les recommandations doivent aussi prendre en considération le rôle joué par d'autres initiatives de discipline fiscale et de communication de renseignements, comme la discipline fiscale coopérative.

Les précédents travaux publiés sur ce thème

8. L'OCDE a publié un rapport sur les initiatives en matière de transparence et de communication de renseignements en 2011. Le Rapport de 2011 (Lutter contre la planification fiscale agressive par l'amélioration de la transparence et de la communication de

renseignements OCDE, 2011) explique l'importance de disposer en temps utile d'informations récentes, ciblées et exhaustives pour lutter contre la planification fiscale agressive. Il fait un tour d'horizon des initiatives de communication de renseignements adoptées dans certains pays de l'OCDE (dont l'obligation déclarative) et se penche sur l'expérience des initiatives de ces pays. Le Rapport de 2011 recommande aux pays d'examiner les initiatives de communication de renseignements présentées dans celui-ci « en vue d'évaluer l'adoption éventuelle de celles qui répondent au mieux à leurs nécessités et circonstances particulières ».

9. En 2013, l'OCDE a publié un rapport sur les programmes de discipline fiscale coopérative (*Co-operative Compliance : A Framework : From Enhanced Relationship to Co-Operative Compliance* OCDE, 2013b). Ce Rapport de 2013 faisait suite à une Étude de 2008 consacrée au rôle des intermédiaires fiscaux (*Étude du rôle des intermédiaires fiscaux* (OCDE, 2008) (« Étude de 2008 »), qui encourageait les services fiscaux à renforcer leurs relations avec les grandes entreprises. Dans le cadre des programmes de discipline fiscale coopérative, les contribuables consentent à faire connaître l'ensemble des problématiques fiscales et des transactions importantes qu'ils réalisent afin que les services fiscaux puissent comprendre leur impact. Le respect des obligations fiscales fondé sur la coopération permet une démarche commune en matière de gestion des risques fiscaux et de discipline fiscale et peut se traduire par une évaluation des risques plus efficace et par une meilleure utilisation des ressources par l'administration fiscale. Le Rapport de 2013 a recensé les pays qui avaient élaboré des programmes de discipline fiscale coopérative depuis la publication de l'Étude de 2008 et a reconnu l'intérêt de tels programmes.

10. L'obligation déclarative et la discipline fiscale coopérative ont pour but d'améliorer la transparence, l'évaluation des risques et, à terme, le civisme fiscal. Elles procèdent de manière différente et peuvent viser des populations de contribuables différentes. Par exemple, les programmes de discipline fiscale coopérative ciblent souvent les plus grosses sociétés contribuables. Cependant, comme évoqué plus loin dans ce rapport, l'obligation déclarative peut renforcer l'efficacité d'un régime de respect des obligations fiscales fondé sur la coopération en garantissant l'existence de règles du jeu équitables en matière de communication de renseignements et de transparence fiscale exigées de l'ensemble des contribuables.

L'objet de ce rapport

11. Ce rapport décrit succinctement les régimes de communication obligatoire d'informations, à partir de l'expérience des pays qui en ont mis en place, et formule des recommandations pour définir un tel régime selon une approche suffisamment souple. Celles-ci s'appuient sur un cadre normalisé afin de garantir une cohérence maximale tout en conservant une latitude suffisante pour permettre aux services fiscaux de garder la maîtrise sur la quantité et la nature des informations communiquées. Ce rapport formule aussi des recommandations pour un régime de communication obligatoire d'informations conçu pour englober les montages fiscaux internationaux. Il se décompose en quatre chapitres, en plus de cette introduction :

- le chapitre 1 propose un aperçu des principales caractéristiques d'un régime de communication obligatoire d'informations et examine les interactions avec d'autres initiatives et outils au service de la discipline fiscale ;
- le chapitre 2 décrit le cadre approprié pour définir, selon une approche suffisamment souple, un régime de communication obligatoire d'informations, et en présente les grandes caractéristiques ;

- le chapitre 3, consacré aux transactions internationales, examine les meilleurs moyens de les englober dans le champ d'un régime de communication obligatoire d'informations ;
- le chapitre 4 examine l'échange d'informations dans le contexte des montages internationaux.

Bibliographie

OCDE (2013a), *Plan d'action concernant l'érosion de la base d'imposition et le transfert de bénéfices,* OCDE, Paris, http://dx.doi.org/10.1787/9789264203242-fr.

OCDE (2013b), *Co-operative Compliance : A Framework : From Enhanced Relationship to Co-Operative Compliance*, OCDE, Paris, http://dx.doi.org/10.1787/9789264200852-en.

OCDE (2011), *Lutter contre la planification fiscale agressive par l'amélioration de la transparence et de la communication de renseignements*, OCDE, Paris, www.oecd.org/fr/ctp/aggressive/Lutter.pdf.

OCDE (2008), *Étude du rôle des intermédiaires fiscaux*, OCDE, Paris, www.oecd.org/fr/royaumeuni/40233505.pdf.

Chapitre 1

Présentation de l'obligation déclarative

Objectifs

12. Le principal objectif des règles relatives à l'obligation déclarative est de fournir en temps opportun des renseignements sur les montages visant à échapper à l'impôt et qui sont potentiellement agressifs ou abusifs, ainsi que d'identifier les fiscalistes[1] et les utilisateurs impliqués. L'obtention d'informations immédiates et pertinentes garantit une détection précoce, ce qui améliore l'efficacité de l'administration dans ses activités de discipline fiscale. Par conséquent, certaines des ressources qui, à défaut, seraient consacrées à la détection de l'évasion fiscale, par exemple au moyen de vérifications, peuvent être redéployées pour examiner les déclarations de montages fiscaux et y répondre. En outre, l'obtention d'informations précoces peut permettre aux services fiscaux de réagir rapidement aux changements de comportement des contribuables par le biais de modifications opérationnelles, législatives ou réglementaires.

13. Un autre objectif des règles relatives à l'obligation déclarative est la dissuasion. Il est possible de limiter la promotion et l'utilisation de montages visant à échapper à l'impôt en modifiant la logique économique de l'évasion fiscale. Les contribuables réfléchiront peut-être plusieurs fois avant d'opter pour un montage fiscal si celui-ci doit faire l'objet d'une déclaration et s'ils savent que l'administration fiscale peut avoir un point de vue différent sur les conséquences fiscales de ce montage ou dispositif.

14. Qui plus est, le marché de l'évasion fiscale est mis sous pression puisque les fiscalistes et les utilisateurs n'ont qu'un créneau limité pour mettre en œuvre des montages fiscaux avant leur suppression. Pour amplifier l'effet dissuasif d'un régime de communication d'informations, il est donc important que l'administration fiscale et les autorités législatives des pays puissent réagir rapidement afin d'éliminer les possibilités d'échapper à l'impôt.

15. Les pays font état d'expériences différentes s'agissant de l'effet dissuasif, mais les objectifs des règles relatives à l'obligation déclarative en vigueur peuvent se résumer ainsi :

- obtenir des renseignements en temps opportun concernant des montages potentiellement agressifs ou abusifs ayant pour objet l'évasion fiscale qui contribueront à l'évaluation des risques ;
- identifier en temps opportun les montages ainsi que les utilisateurs et les fiscalistes ;
- limiter, par un effet dissuasif, la promotion et l'utilisation de montages ayant pour objet l'évasion fiscale.

16. Les paragraphes ci-dessous examinent l'efficacité de l'obligation déclarative pour atteindre ces objectifs.

Éléments de base de l'obligation déclarative

17. Pour atteindre les objectifs énoncés ci-dessus, les régimes de communication obligatoire d'informations doivent répondre à plusieurs questions élémentaires qui déterminent leur périmètre et leur utilisation :

- **Qui est visé par l'obligation déclarative :** les règles relatives à l'obligation déclarative peuvent exiger que les contribuables (les utilisateurs) et/ou les planificateurs (les fiscalistes ou conseillers) fassent connaître les montages visant potentiellement à échapper à l'impôt.
- **Quelles sont les informations devant être communiquées :** cela peut se décomposer en deux questions différentes :
  - Les pays doivent d'abord décider quels types de montages et de dispositifs doivent être déclarés dans le cadre du régime (à savoir la définition d'un « montage fiscal devant faire l'objet d'une déclaration »). Comme indiqué plus loin dans ce rapport, le fait qu'un montage doive faire l'objet d'une déclaration ne signifie pas forcément qu'il ait pour finalité d'échapper à l'impôt. Certains des marqueurs décrits ici sont en général liés à des opérations fiscales à caractère abusif mais ils peuvent aussi se rencontrer dans des opérations légitimes. En outre, il est peu probable qu'un régime de communication d'informations soit mis au point dans le but de détecter tous les cas d'évasion fiscale. En revanche, la communication d'informations pourrait viser les volets de l'évasion et de la planification fiscale agressive considérés comme étant à l'origine des risques les plus importants.
  - Les pays doivent aussi déterminer la nature des informations à communiquer sur un montage devant faire l'objet d'une déclaration. Cela implique de concilier la nécessité de veiller à ce que les informations soient claires et utiles et d'éviter de soumettre les contribuables à une charge excessive liée au respect des obligations fiscales.
- **À quel moment la communication doit-elle intervenir :** l'objectif des règles de communication obligatoire d'informations est de fournir à l'administration fiscale des renseignements en temps opportun sur certains montages fiscaux visant à échapper à l'impôt et sur leurs utilisateurs. Le choix du moment auquel les fiscalistes et/ou les utilisateurs sont tenus de communiquer des informations s'avère donc déterminant pour y parvenir.
- **Quelles autres obligations (le cas échéant) incombent aux fiscalistes et/ou aux utilisateurs de montages fiscaux :** par exemple, les pays peuvent exiger des utilisateurs de montages qu'ils fassent figurer un numéro d'identification unique sur leur déclaration afin d'identifier les utilisateurs de montages ayant fait l'objet d'une déclaration. Les règles relatives à l'obligation déclarative peuvent aussi imposer aux fiscalistes de fournir des listes de clients à l'administration fiscale.
- **Quelles sont les conséquences en cas de manquements à l'obligation déclarative :** le non-respect des règles relatives à l'obligation déclarative entraine généralement des sanctions. Par ailleurs, les pays peuvent infliger d'autres sanctions pour faire appliquer les règles relatives à l'obligation déclarative et empêcher tout manquement à celle-ci.
- **Quelles sont les conséquences de la communication d'informations :** les régimes de communication obligatoire d'informations doivent faire preuve de

transparence quant aux conséquences de la communication de renseignements pour le contribuable et son conseiller. Les pays doivent notamment indiquer clairement que le signalement d'un montage ne signifie pas que celui-ci est validé par l'administration fiscale ou qu'il ne sera pas remis en cause.

- **Comment utiliser les informations recueillies :** les régimes de communication obligatoire d'informations doivent fournir des informations pertinentes sur les montages visant à échapper à l'impôt. Par conséquent, outre la définition du champ d'application des règles comme mentionné plus haut, les pays doivent examiner la manière d'exploiter pleinement les informations recueillies afin d'améliorer le respect des règles.

Caractéristiques fondamentales

18. La méthode employée pour instaurer des règles relatives à l'obligation déclarative varie selon les pays. Néanmoins, la section ci-dessous passe en revue leurs caractéristiques fondamentales.

Les règles relatives à l'obligation déclarative doivent être claires et faciles à comprendre

19. Les règles relatives à l'obligation déclarative doivent être rédigées le plus clairement possible afin que les contribuables n'aient aucun doute sur ce que le régime impose. Le manque de clarté et de certitude peut se traduire par l'omission fortuite de communication d'informations (et par l'imposition de sanctions), et accroître la résistance des contribuables à ces règles. En outre, faute de transparence, une administration fiscale pourrait recevoir des informations de qualité médiocre ou sans intérêt.

Les règles doivent assurer un équilibre entre les coûts supplémentaires de mise en conformité pour les contribuables et les gains obtenus par l'administration fiscale

20. Comme les règles relatives à l'obligation déclarative invitent les contribuables et/ou les fiscalistes à révéler certaines opérations, elles augmenteront les coûts initiaux de mise en conformité. Cependant, ces règles fourniront aux services fiscaux des informations de meilleure qualité sur les opérations visant à éviter l'impôt et devraient leur permettre d'employer leurs ressources plus efficacement. Ce meilleur ciblage, ou cette meilleure évaluation des risques, pourrait aussi procurer des avantages aux contribuables puisque les demandes de renseignements porteront essentiellement sur des questions problématiques pour l'administration fiscale.

21. La portée et l'étendue de toute obligation déclarative s'avèrent capitales pour parvenir à un équilibre. Des obligations superflues ou supplémentaires augmenteront les coûts pour le contribuable et pourraient compromettre la capacité d'une administration fiscale à exploiter efficacement les données communiquées.

Les règles relatives à l'obligation déclarative doivent être efficaces pour atteindre les objectifs fixés et cerner précisément les montages en cause

22. Comme indiqué plus haut, le principal objectif d'un régime de communication obligatoire d'informations est d'obtenir des renseignements précoces sur les montages ayant pour objet l'évasion fiscale, sur leurs utilisateurs et sur les fiscalistes qui les proposent. Par conséquent, toute règle doit être conçue de façon à pouvoir recueillir suffisamment de renseignements sur les montages et dispositifs qui préoccupent une administration fiscale. En outre, les règles doivent livrer des informations permettant l'identification des utilisateurs et fiscalistes. Il est irréaliste pour un régime de communication obligatoire d'informations de cibler toutes les transactions qui posent des problèmes d'évasion fiscale. L'identification de « marqueurs » est un facteur décisif pour déterminer le champ d'application des règles, et ils devront tenir compte des besoins ou des risques propres à chaque pays.

Les informations recueillies en vertu de l'obligation déclarative doivent être utilisées efficacement

23. Une administration fiscale doit appliquer des procédures efficaces pour faire le meilleur usage des informations communiquées par les contribuables. Cela implique de mettre en place un processus permettant d'étudier les déclarations et d'en cerner les répercussions potentielles sur la politique et les recettes fiscales. Une fois les problèmes identifiés, une communication fructueuse au sein de l'administration est nécessaire pour veiller à ce que ces problèmes soient parfaitement compris et traités. Cela peut entrainer la mobilisation de ressources supplémentaires, mais ce coût pourrait être compensé par les économies de ressources découlant d'une détection plus rapide et plus efficace de nouveaux problèmes de politique et de recettes fiscales.

Comparaison avec d'autres initiatives de communication de renseignements

24. Plusieurs pays prennent des initiatives d'information ou de discipline fiscale, en plus ou en lieu et place d'un régime de communication obligatoire d'informations. Les autres formes d'initiatives utilisées par les services fiscaux pour recueillir des informations sur le civisme des contribuables sont décrites plus en détail dans le Rapport *Lutter contre la planification fiscale agressive par l'amélioration de la transparence et de la communication de renseignements* (Rapport de 2011, OCDE, 2011) et englobent :

- les **régimes de décisions administratives** qui permettent aux contribuables d'obtenir le point de vue d'une administration fiscale sur la manière dont le droit fiscal s'applique à une transaction donnée ou à un ensemble de circonstances et offrent aux contribuables une part de certitude sur les conséquences fiscales. Les décisions peuvent, du moins en partie, jouer un rôle comparable à celui des régimes de communication d'informations, dans la mesure où un contribuable sollicite généralement une décision parce qu'il envisage de s'engager dans une transaction. L'utilité des régimes de décisions comme source d'information sur les transactions ayant pour objet l'évasion fiscale peut toutefois être limitée lorsque l'administration ne se prononce pas sur des transactions impliquant des stratégies de planification fiscale à caractère abusif ou agressif parce que les contribuables ne sont nullement incités à demander des décisions de ce type.

- des **obligations déclaratives supplémentaires** qui imposent aux contribuables de faire connaître des transactions, investissements ou conséquences fiscales déterminés, généralement dans le cadre de la procédure de dépôt des déclarations.
- des **enquêtes et questionnaires** qui sont utilisés par certaines administrations fiscales pour recueillir des informations auprès de certains groupes de contribuables dans le but d'évaluer les risques.
- la **déclaration spontanée** comme moyen de réduire les sanctions pour les contribuables.
- les **programmes de discipline fiscale coopérative** en vertu desquels les contribuables participants consentent à communiquer de façon sincère et exhaustive toutes les problématiques fiscales et transactions importantes et à fournir suffisamment d'informations pour comprendre la transaction et son impact fiscal.

Le tableau 1.1. contient une synthèse comparative de ces initiatives de communication de renseignements.

25. Dans chaque cas, l'objectif de ces initiatives de communication de renseignements est, dans une plus ou moins grande mesure, de contraindre ou d'inciter les contribuables et leurs conseillers à communiquer à l'administration fiscale des informations pertinentes sur le comportement des contribuables qui soient plus détaillées ou plus récentes que celles figurant dans une déclaration de revenus. Ces autres initiatives de communication de renseignements et de discipline fiscale poursuivent des objectifs différents de ceux de l'obligation déclarative et ne sont pas exclusivement axées sur l'identification des risques pour la politique et les recettes fiscales induits par la planification fiscale agressive. Par conséquent, le plus souvent, elles n'ont pas une portée aussi large qu'un régime de communication obligatoire d'informations (qui englobe tout type d'impôt ou de contribuable) ou ne visent pas à obtenir des informations spécifiques sur les fiscalistes, les contribuables et des montages déterminés. La principale caractéristique qui distingue les régimes de communication obligatoire d'informations de ces autres formes d'obligations déclaratives est qu'ils visent précisément à détecter les montages visant à échapper à l'impôt qui exploitent les failles du système fiscal tout en offrant aux services fiscaux la latitude pour choisir les critères, marqueurs et filtres afin de cibler les opérations dignes d'attention et les domaines à risque perçus. Une analyse plus approfondie des principales différences entre les régimes de communication obligatoire d'informations et les autres formes d'initiatives de communication de renseignements figure ci après.

L'obligation déclarative s'applique à un plus large éventail de personnes

26. Comme les régimes de communication obligatoire d'informations s'appliquent à tous les contribuables (petits et grands) et pas simplement à ceux qui agissent par civisme fiscal spontané, ils ont une large portée et peuvent englober l'ensemble le plus vaste possible de contribuables, de types d'impôts et de transactions. Ces régimes incluent aussi des tiers qui participent à l'élaboration, à la promotion ou à la mise en place de montages visant à échapper à l'impôt. Contrairement aux initiatives de déclaration spontanée, qui se contentent d'inciter un contribuable à donner des précisions sur ses dispositifs de planification fiscale, l'obligation déclarative est imposée, de sorte que tout montage visé par le régime doit être signalé par tous les contribuables et leurs conseillers. Par exemple, les régimes de décisions administratives peuvent fournir aux services fiscaux des informations utiles sur les transactions réalisées par les contribuables et sur la manière dont ces derniers interprètent et appliquent le droit. Cependant, comme ils relèvent de la discipline

fiscale spontanée, ces régimes s'appliquent à un nombre plus restreint de contribuables auto-sélectionnés.

27. Si un programme de discipline fiscale coopérative efficace ou des questionnaires ciblés peuvent constituer une source d'information sur les stratégies de planification fiscale, ces initiatives de communication de renseignements ne visent pas le même ensemble de contribuables ou les conseillers et autres tiers responsables de la conception et de la mise en œuvre de ces montages. Bien que les enquêtes et questionnaires puissent toucher un groupe plus large de contribuables qu'un programme de discipline fiscale coopérative, ils ne peuvent couvrir que certains risques et les informations recueillies sur ces risques dépendront de la nature du questionnaire. L'utilité des questionnaires dépendra aussi de la capacité de l'administration fiscale à exiger une réponse des contribuables.

L'obligation déclarative fournit des informations précises sur le montage, ses utilisateurs et les fiscalistes

28. De nombreux pays imposent des obligations déclaratives à leurs contribuables en lien avec certaines transactions ou les contraignent à faire connaître précisément l'application du régime en question. Ces obligations déclaratives supplémentaires permettent aux services fiscaux d'accroître l'efficacité des vérifications en améliorant le recueil et l'analyse des données. Toutefois, contrairement aux régimes de communication obligatoire d'informations, les obligations déclaratives supplémentaires ne ciblent pas l'évasion fiscale et, en général, ne fournissent pas directement aux administrations fiscales des renseignements sur les stratégies de planification fiscale.

29. En l'absence de régime de communication obligatoire d'informations, les services fiscaux peuvent avoir du mal à identifier un montage à partir des informations disponibles mais peuvent aussi estimer que, lorsque le montage a été identifié, il est trop tard pour empêcher une perte de recettes fiscales importante. Il peut aussi être délicat de recenser l'ensemble des utilisateurs d'un montage sans mobiliser d'abondantes ressources supplémentaires de l'administration, d'où la difficulté à quantifier la perte fiscale ou à élaborer une stratégie de discipline fiscale efficace.

30. Comme l'obligation déclarative impose aux fiscalistes et aux contribuables de communiquer directement à l'administration des informations précises sur un montage, il s'agit d'une méthode plus efficace pour obtenir des informations exhaustives sur l'optimisation fiscale que le recours à une analyse ou à une vérification des renseignements figurant dans les déclarations de revenus. L'obligation déclarative donne aussi aux services fiscaux des renseignements sur les utilisateurs du montage et sur ceux qui sont responsables de sa promotion et de sa mise en place. Le recours aux listes de clients et aux numéros d'identification attribués aux montages permet à l'administration fiscale d'avoir rapidement une idée exacte de l'ampleur du risque fiscal induit par un montage et de déterminer facilement à quel moment un contribuable a utilisé un montage. L'accès à des listes de clients ouvre aussi la possibilité d'employer d'autres outils au service de la discipline fiscale comme la communication directe avec les contribuables.

L'obligation déclarative favorise la communication d'informations au début du processus de discipline fiscale

31. L'un des principaux objectifs d'un régime de communication obligatoire d'informations est de fournir aux services fiscaux des renseignements en temps opportun sur les stratégies de planification fiscale. La détection précoce permet aux administrations fiscales de réagir plus

rapidement aux risques pour la politique et les recettes fiscales en modifiant les mécanismes, les lois ou les réglementations. En général, les autres initiatives de communication de renseignements n'offrent pas aux services fiscaux le même niveau de détection précoce. Les demandes de décisions administratives font peut-être figure d'exception, dans la mesure où les contribuables sollicitent généralement une décision en prévision de la réalisation d'une transaction. Toutefois, les régimes de décisions constituent des initiatives de déclaration spontanée utilisées par un sous-ensemble de la population des contribuables. Par conséquent, ils ne donnent pas aux administrations fiscales une vision d'ensemble du comportement des contribuables ou une indication fiable des nouveaux risques pour la politique et les recettes fiscales.

Coordination avec d'autres outils de communication d'informations et de discipline fiscale

32. La décision de mettre ou non en place un régime de communication obligatoire d'informations, la structure et le contenu d'un tel régime dépendent de plusieurs facteurs, dont une évaluation des risques pour la politique et les recettes fiscales induits par la planification fiscale dans le pays et l'existence d'autres outils de communication d'informations et de discipline fiscale. Les renseignements supplémentaires sur les stratégies de planification fiscale qu'une administration fiscale obtient dans le cadre d'un régime de communication obligatoire d'informations dépendent notamment de la portée et de l'efficacité d'autres mécanismes de communication d'informations, comme les programmes de discipline fiscale coopérative et les régimes de décisions, qui recueillent sensiblement les mêmes données. Néanmoins, l'analyse effectuée dans ce chapitre semble indiquer que l'obligation déclarative procure aux services fiscaux plusieurs avantages par rapport à d'autres formes d'initiatives puisqu'elle impose aux contribuables et aux fiscalistes de transmettre des informations, au début du processus de discipline fiscale, sur des montages de planification fiscale qui induisent des risques spécifiques pour la politique ou les recettes fiscales. Les pays ayant instauré des règles relatives à l'obligation déclarative indiquent qu'elles découragent les comportements de planification fiscale agressive et améliorent la qualité, la rapidité et l'efficacité du recueil d'informations sur les stratégies d'optimisation fiscale, ce qui permet de réagir plus efficacement sur le plan répressif, législatif et réglementaire. Les données présentées ci-après corroborent ces observations.

33. Si les autres initiatives de communication de renseignements et de discipline fiscale peuvent aussi donner des résultats comparables, elles n'atteignent pas exactement les mêmes objectifs pour plusieurs raisons : elles s'appliquent à une population différente et parfois potentiellement plus restreinte de contribuables, de fiscalistes, de conseillers et d'intermédiaires; elles ne ciblent pas ou ne fournissent pas le même niveau d'information sur l'évasion fiscale ou communiquent ces informations à un stade ultérieur du processus de discipline fiscale.

34. De même que les initiatives de communication de renseignements – comme les décisions administratives et les programmes de discipline fiscale coopérative – ne peuvent pas se substituer de façon satisfaisante à un régime de communication obligatoire d'informations, l'obligation déclarative ne peut pas remplacer ou dispenser de la nécessité de cet autre type d'outils de communication d'informations et de discipline fiscale. L'obligation déclarative peut en revanche renforcer ces autres outils, comme le respect des obligations fiscales fondé sur la coopération ou la déclaration spontanée, en garantissant des règles du jeu plus équitables entre les grandes entreprises et d'autres contribuables qui n'entretiennent pas le même genre de relation de civisme fiscal avec l'administration

Tableau 1.1. **Comparaison des règles relatives à l'obligation déclarative (ROD) avec d'autres régimes**

	RCOI	Décision administrative	Obligation déclarative supplémentaire	Enquête	Réduction de sanctions en cas de déclarations précoces	Programme de discipline fiscale coopérative
1. Qui a l'obligation de déclarer en vertu d'un régime						
Contribuables	Tous les contribuables	Tous les contribuables	Tous les contribuables	Sous-ensemble de contribuables	Tous les contribuables	Sous-ensemble de contribuables
Tiers	Fiscalistes	Non	Non	Non	Non	Non
2. Quelles sont les informations devant être communiquées						
Type de transactions	Évasion fiscale : facteurs de risque connus et transactions nouvelles ou à caractère potentiellement abusif	N'a pas pour principale finalité d'englober l'évasion fiscale [a]	Ne vise peut-être pas les montages ayant pour objet l'évasion fiscale ou seulement certains montages	Facteurs spécifiques de risque connus	Peut s'appliquer à tous les cas d'évasion et de fraude fiscales	Planification fiscale ou évasion fiscale par des contribuables au sein du programme
Information sur le fiscaliste	Oui [b]	Non	Non	Non	Non	Non
3. Impact						
Certitude pour le contribuable	Non	Oui certaines transactions	Non	Non	Non	Oui
Dissuasion pour les utilisateurs [c]	Oui	Oui	Oui	Oui	Oui	Oui
Dissuasion pour les fiscalistes	Oui	Non	Non	Non	Non	Non
Calendrier	Peut obtenir des informations à un stade précoce	Peut obtenir des informations à un stade précoce	Fait généralement partie de la procédure de dépôt des déclarations, donc pas de détection précoce	Calendrier variable – détection précoce peu probable	Calendrier variable – détection précoce limitée	Peut obtenir des informations à un stade précoce
Nature de l'obligation déclarative	Obligatoire	Facultative	Obligatoire	Obligatoire	Facultative	Facultative

Notes : a. Plusieurs pays estiment que leur régime décisionnel fournit des informations sur l'évasion fiscale. Cela n'a pas été vérifié mais les observations faites dans ce tableau et dans ce chapitre portent sur la manière dont les régimes décisionnels fonctionnent dans les pays qui ont participé à ces travaux.

b. Les informations concernant le fiscaliste sont recueillies sauf dans le cas de figure très rare où seuls les contribuables déclarent.

c. Bien que l'étendue de l'impact dissuasif soit difficile à mesurer, ROD pourrait avoir un impact dissuasif plus marqué que les autres régimes, car il cible les montages de planification fiscale agressive et les contribuables peuvent s'attendre à ce que l'information déclarée soit examinée en détail par les administrations fiscales avec l'intention de réagir promptement aux risques pour la politique et les recettes fiscales.

fiscale. Lorsqu'elle décide de mettre ou non en place un régime de communication obligatoire d'informations ou qu'elle détermine la nature des dispositifs visés par le régime, une administration fiscale doit tenir compte des autres outils de recueil d'informations et de ses processus d'évaluation des risques pour pouvoir les coordonner et les harmoniser autant que possible. À titre d'exemple, si un pays s'est déjà doté de règles précises de déclaration de certaines transactions, il devrait étudier la possibilité de les exclure du champ d'application d'un régime de communication obligatoire d'informations[2]. En revanche, un montage qui doit être déclaré dans le cadre d'un régime de communication obligatoire d'informations ne devrait pas être tenu d'être déclaré une deuxième fois en vertu d'une obligation de déclaration spontanée afin, par exemple, de bénéficier d'une réduction des sanctions infligées au contribuable.

35. On observe aussi des chevauchements inévitables (et souhaitables), sur le plan du fonctionnement et de l'impact, entre l'obligation déclarative et une règle générale de lutte contre l'évasion fiscale. Une telle règle donne aux services fiscaux la capacité de réagir directement à des cas d'évasion fiscale qui ont été déclarés dans le cadre d'un régime de communication obligatoire d'informations. De même, du point de vue de la dissuasion, un contribuable risque moins d'opter pour un montage visant à échapper à l'impôt en sachant que les conséquences fiscales devront être révélées et pourront ensuite être remises en cause par l'administration. L'obligation déclarative et les règles générales de lutte contre l'évasion fiscale sont donc complémentaires sous l'angle de la discipline fiscale. Toutefois, l'objectif d'un régime de communication obligatoire d'informations est de fournir à l'administration fiscale des renseignements sur un éventail plus large de risques pour la politique et les recettes fiscales que ceux induits par des opérations qui seraient considérées comme visant à échapper à l'impôt en vertu d'une règle générale de lutte contre l'évasion fiscale. Par conséquent, la définition d'un « montage devant faire l'objet d'une déclaration » sera généralement plus large que celle des montages ayant pour objet l'évasion fiscale visés par une règle générale de lutte contre l'évasion fiscale, et devrait aussi englober les opérations jugées agressives ou à haut risque du point de vue de l'optimisation fiscale.

Efficacité de l'obligation déclarative[3]

36. Parmi les pays de l'OCDE et du G20, des règles relatives à l'obligation déclarative ont été instaurées aux États-Unis, au Canada, en Afrique du Sud, au Royaume-Uni, au Portugal, en Irlande, en Israël et en Corée[4]. En 1984, les États-Unis ont les premiers institué de telles règles, qui ont été modifiées substantiellement pour la dernière fois en 2004. Le Canada a suivi en 1989 avec un régime d'abri fiscal pour un dispositif de planification fiscale particulier impliquant des systèmes de dons et l'acquisition de biens immobiliers. En outre, une nouvelle loi sur le Régime de déclaration des opérations d'évitement fiscal (RTAT) assortie d'obligations déclaratives nettement plus vastes a été votée en juin 2013. L'Afrique du Sud a instauré des règles relatives à l'obligation déclarative en 2003 et les a révisées en 2008. Le Royaume-Uni a adopté de telles règles en 2004 et les a revues en profondeur en 2006. De nouvelles modifications importantes sont entrées en vigueur au 1er janvier 2011. Le Portugal et l'Irlande ont mis en place leur régime de communication obligatoire d'informations en 2008 et en 2011 respectivement. Depuis, la Corée et Israël se sont eux aussi dotés de règles de ce type. La conception (et donc l'impact) de ces régimes varient d'un pays à l'autre. Cependant, comme noté plus haut, les principaux objectifs des règles relatives à l'obligation déclarative peuvent généralement se résumer ainsi :

- obtenir des renseignements précoces concernant des montages visant à échapper à l'impôt qui contribueront à l'évaluation des risques ;

- identifier ces montages ainsi que leurs utilisateurs et les fiscalistes qui les proposent en temps utile;
- limiter, par un effet dissuasif, la promotion et l'utilisation de montages ayant pour objet l'évasion fiscale.

37. Les pays dotés de régimes de communication obligatoire d'informations n'ont pas tous recueilli des données sur l'efficacité de leur régime par rapport à ces objectifs. Une grande partie des informations communiquées dans cette section porte essentiellement sur des données et statistiques transmises par le Royaume-Uni ainsi que sur des exemples et des données fournis par d'autres pays. Cependant, bien que les données disponibles ne soient pas exhaustives ou détaillées, les retours d'expérience des pays ayant adopté des régimes de communication obligatoire d'informations donnent une image relativement cohérente qui semble indiquer que l'obligation déclarative permet bien d'atteindre les objectifs recherchés.

Obtenir des renseignements précoces

38. Grâce à un système efficace de « détection précoce » des nouveaux risques pour la politique et les recettes fiscales, les administrations fiscales disposent d'un éventail plus large de solutions pour faire face à ces risques en agissant sur la discipline fiscale, les lois ou les réglementations.

39. La loi britannique DOTAS (Disclosure of Tax Avoidance Schemes) procure des renseignements précoces sur les montages ayant pour l'objet l'évasion fiscale, ce qui a permis aux autorités britanniques, le cas échéant, d'adopter des lois pour les supprimer avant de subir des pertes fiscales considérables. 925 des 2 366 montages déclarés jusqu'en 2013 ont été supprimés par la loi (une modification de la loi peut aboutir à la suppression de plusieurs montages : plus de 200 montages relatifs au droit de timbre foncier ont été supprimés par seulement trois modifications législatives). L'arrêt des montages peut aussi intervenir très rapidement. Ainsi, dans un cas de figure, un montage a été clos une semaine après son signalement, ce qui a permis de préserver des millions de livres de recettes fiscales.

40. Durant les premières années qui ont suivi l'adoption de la loi DOTAS, les modifications législatives adoptées par le Royaume-Uni en vue de remédier à des failles dans sa législation fiscale ont culminé, sur fond de multiplication des informations disponibles concernant les montages faisant l'objet d'une promotion sur le marché[5]. Ces interventions ont diminué peu à peu depuis, pour plusieurs raisons dont :

- la réduction progressive des possibilités de concevoir avec succès des montages visant à échapper à l'impôt du fait des modifications successives de la loi;
- certaines des sociétés de conseil plus grandes et plus spécialisées sont sorties du marché de l'élaboration de montages visant à échapper à l'impôt ciblé par la loi DOTAS;
- d'autres instruments sont venus compléter l'arsenal de lutte contre l'évasion fiscale, comme des règles ciblées de lutte contre l'évasion fiscale, une règle générale de lutte contre les abus et des actions ciblées sur les fiscalistes;
- une érosion de l'expertise des entreprises faisant la promotion de montages visant l'évasion fiscale avec pour conséquence que les montages déclarés peuvent être remis en cause en vertu de la loi en vigueur et n'appellent pas une réponse législative.

41. D'autres régimes fournissent aussi des exemples de la manière dont l'obligation déclarative a contribué à modifier la loi. Par exemple, plusieurs déclarations ont été reçues au titre du régime irlandais de communication obligatoire d'informations en lien avec des plans d'avantages sociaux pour le personnel[6]. Une disposition de large portée visant à lutter contre l'évasion fiscale a été introduite dans la Loi de finances irlandaise de 2013 qui a mis fin à ces montages.

42. En Afrique du Sud, toute action privilégiée qui est remboursable dans un délai de dix ans après son émission est considérée comme un dispositif devant faire l'objet d'une déclaration. Ces dispositifs représentent la majorité des transactions déclarées et les données recueillies apportent un éclairage sur la manière dont le financement par l'entremise des actions privilégiées est utilisé. Cette compréhension a inspiré la conception des nouvelles règles d'imposition des quasi-fonds propres qui ont été instaurées récemment.

Meilleure identification des montages, de leurs utilisateurs et des fiscalistes qui les proposent

43. L'adoption d'un régime de communication obligatoire d'informations devrait permettre à une administration fiscale de moins dépendre des vérifications et analyses de données pour détecter les stratégies d'évasion fiscale.

44. Le Répertoire sur la planification fiscale agressive est une base de données sécurisée des montages visant à échapper à l'impôt gérée par certains pays de l'OCDE et du G20. Le Répertoire recense les dispositifs de planification fiscale agressive communiqués par les pays qui y ont accès et sert à identifier les tendances en matière de planification fiscale et à élaborer des stratégies de détection et de réponse. Sur plus de 400 montages répertoriés, deux tiers ont été identifiés au moyen d'analyses de données et de vérifications. Cependant, les pays qui ont mis en place des régimes de communication obligatoire d'informations s'appuient beaucoup moins sur les vérifications et analyses de données. Si l'on procède à la même analyse à partir d'un sous-ensemble de quatre pays membres dotés de régimes de communication obligatoire d'informations[7], le nombre de montages alimentant la base de données que l'administration fiscale a identifiés par le biais de vérifications et d'analyses de données tombe à un tiers, un autre tiers découlant de l'obligation déclarative. Cela semble indiquer que les pays dotés de régimes de communication obligatoire d'informations ont beaucoup moins recours aux vérifications et analyses de données comme méthode de détection des montages visant à éviter l'impôt.

45. L'examen de la situation par pays montre que les informations transmises en vertu de la loi DOTAS au Royaume-Uni concernant l'utilisation d'un montage ont été utiles pour élaborer une parade. Les listes de clients ont aussi permis de coordonner et de planifier plus efficacement la mobilisation des ressources de l'administration fiscale britannique puisqu'elles identifient les cas potentiels à un stade précoce. Les listes de clients offrent en outre un mécanisme supplémentaire pour vérifier que les montages sont déclarés par tous leurs utilisateurs.

46. L'administration fiscale britannique a aussi profité des possibilités offertes par la déclaration à un stade précoce pour intervenir auprès des fiscalistes. Ainsi, dans un cas de figure, il était manifeste qu'un montage ne fonctionnait pas et reposait sur une interprétation erronée du droit fiscal. Après discussion avec le fiscaliste et publication d'un communiqué pour mettre en garde les utilisateurs potentiels, le fiscaliste a consenti à ne pas commercialiser ce montage. Cela s'est traduit par une utilisation des ressources plus efficace que s'il avait fallu attendre que le montage soit vendu à grande échelle pour contester les déclarations de revenus.

47. En vertu du régime d'abri fiscal canadien, les fiscalistes sont tenus d'obtenir un numéro d'identification avant de vendre un montage et de déclarer l'ensemble des participants et des montants avant la fin du mois de février de l'année suivante. Ces informations ont permis à l'Agence du revenu du Canada (ARC) de déterminer plus rapidement l'ampleur des problèmes soulevés par les abris fiscaux impliquant des dons à des organismes de bienfaisance. Qui plus est, le fait de connaître l'identité des utilisateurs au début du processus a considérablement facilité la réalisation des vérifications et fait gagner du temps puisque les participants étaient déjà connus. À ce jour, l'ARC a rejeté plus de 5.9 milliards CAD de déductions fiscales pour dons et révisé l'imposition de plus de 182 000 contribuables qui ont pris part à ces abris fiscaux relatifs à des dons. Par ailleurs, l'ARC a révoqué le statut caritatif de 47 organismes ayant participé à ces dispositifs et infligé des sanctions à des tiers (fiscalistes, etc.) à hauteur de 137 millions CAD.

Dissuasion

48. Les contribuables feront peut-être preuve d'une plus grande prudence avant de s'engager dans un montage visant à échapper à l'impôt s'ils savent qu'il doit faire l'objet d'une déclaration et que les services fiscaux peuvent ne pas partager leur point de vue sur les conséquences fiscales de ce montage ou dispositif. Comme les régimes de communication obligatoire d'informations imposent aussi une déclaration de la part des tiers qui participent à l'élaboration et à la commercialisation d'un montage, ils ciblent à la fois la demande et l'offre sur le marché de l'évasion fiscale. Influer sur le comportement des fiscalistes, conseillers et intermédiaires peut réduire la fréquence des stratégies de planification fiscale agressive de façon plus rapide et plus économique que les méthodes qui ciblent exclusivement les contribuables. Le fait que l'obligation déclarative crée un système d'alerte précoce pour les services fiscaux modifie aussi la logique économique pour les fiscalistes, car les utilisateurs pourraient n'avoir qu'un créneau limité pour s'engager dans des montages avant leur suppression. S'il est difficile d'évaluer l'ampleur d'un effet dissuasif, les données et exemples présentés ci-dessous portent à croire qu'un tel effet existe bel et bien.

49. Aux termes de la loi DOTAS au Royaume-Uni, 2 366 montages visant à échapper à l'impôt ont été déclarés jusqu'au 31 mars 2013. Cependant, le nombre de montages signalés a diminué au fil des années et les conseillers fiscaux traditionnels ont pour la plupart cessé de faire la promotion des montages commercialisés ayant pour objet l'évasion fiscale visés par les règles relatives à l'obligation déclarative de communication d'informations. À présent, cette activité est principalement du ressort d'une petite minorité de sociétés de conseil fiscal, généralement qualifiées de « petits cabinets » au Royaume-Uni. La loi DOTAS serait une cause de ce changement de comportement, mais pas la seule.

50. Le nombre de montages déclarés au fil des années depuis le vote de la loi DOTAS a globalement diminué, ce qui implique aussi un recul de l'usage de ces montages. Lorsque la loi DOTAS a été adoptée, de nombreux montages traditionnels ont été déclarés. Comme ce nombre a considérablement baissé ces dernières années, les futures réductions seront naturellement moins marquées. D'après l'administration fiscale britannique, cela montre que le marché se contracte, mais elle a toutefois pris des mesures pour s'assurer que cette baisse ne traduit pas le non-respect de la loi DOTAS.

51. Sachant que le régime britannique est parvenu à maturité et que le nombre de montages devant faire l'objet d'une déclaration a diminué, le Royaume-Uni cherche à utiliser les informations communiquées dans le cadre du régime afin d'influer sur les comportements par d'autres moyens. Ainsi, l'administration fiscale britannique peut utiliser les informations

figurant sur les déclarations et sur les listes de clients pour nouer un premier contact avec les fiscalistes et utilisateurs potentiels dans le but de les inciter à changer de point de vue sur un montage. Conformément à la loi votée en 2014, le Royaume-Uni peut aussi exiger le paiement de l'impôt litigieux lié aux montages fiscaux déclarés avant le règlement du différend, garantissant ainsi que le ministère des Finances, et non pas le contribuable, conserve le bénéfice des fonds pendant la durée du différend.

52. De même, aux États-Unis, le nombre de signalements de tous types d'opérations devant faire l'objet d'une déclaration, incluant les opérations répertoriées et celles dignes d'attention, a diminué au fil des années depuis que ces notions sont apparues respectivement en 2000 et 2006. Cette baisse pourrait s'expliquer par plusieurs facteurs, parmi lesquels l'évolution de la conjoncture économique. Toutefois, lorsqu'une opération est répertoriée, la notification de la probabilité que cette opération pourrait être rejetée, l'obligation déclarative et l'imposition de sanctions en cas d'absence de déclaration ont généralement un effet paralysant, et les contribuables sont alors moins susceptibles de se livrer à des opérations sensiblement similaires. Le même effet s'est produit avec les autres catégories de transactions devant faire l'objet d'une déclaration lorsqu'elles ont été créées (par exemple la protection contractuelle, la confidentialité, etc.).

53. Au Canada, les abris fiscaux relatifs à des dons faisaient partie des montages les plus couramment utilisés pour abuser des déductions fiscales et des crédits d'impôt au titre de dons effectués au profit d'organismes de bienfaisance agréés. Devenus fréquents au début des années 2000, ces dispositifs ont connu leur apogée en 2006, avec environ 49 000 participants au cours de cette année. Le graphique ci-dessous illustre les ventes et le nombre de participants et d'investisseurs concernant les abris fiscaux relatifs à des dons, pour la période correspondant aux années civiles 2006-13.

Graphique 1.1. **Abris fiscaux relatifs à des dons – participants et dons (Canada, 2006-13)**

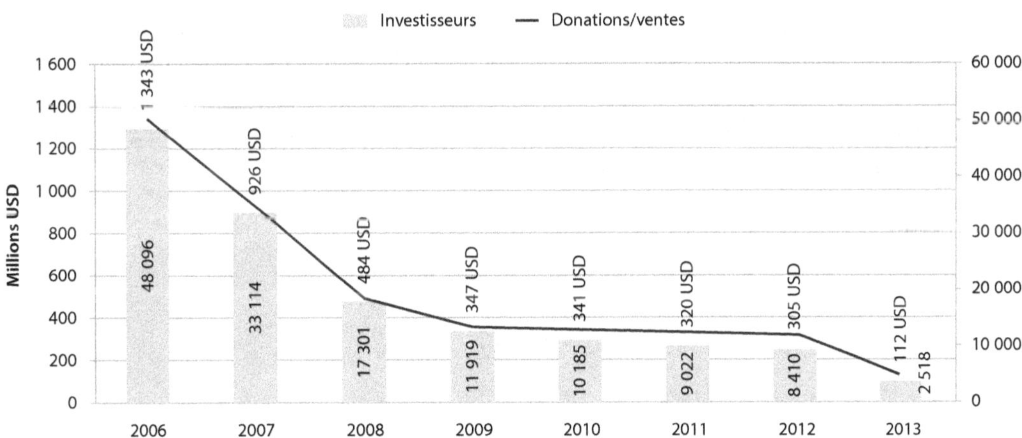

54. En Afrique du Sud, la loi relative aux dispositifs devant faire l'objet d'une déclaration est entrée en vigueur en 2005 et une nouvelle loi est entrée en application en 2008. Cette dernière a élargi le périmètre des dispositifs devant faire l'objet d'une déclaration, en particulier celui des marqueurs généraux. Dans le cadre du régime sud-africain, 629 dispositifs ont été déclarés depuis 2009. Dans la majorité des cas, les déclarations ont été faites par plusieurs grandes entreprises. Bien que les données provenant d'Afrique du Sud donnent une image plus nuancée des effets dissuasifs, le tableau indique que la plupart

des déclarations au titre des marqueurs généraux datent de 2009 et que le nombre de dispositifs signalés chaque année au titre de ces marqueurs a diminué sensiblement. Depuis que ces données ont été recueillies, l'Afrique du Sud a élargi le champ d'application de son régime de communication obligatoire d'informations en ajoutant des marqueurs spécifiques qui ciblent des transactions particulièrement préoccupantes pour l'administration fiscale sud-africaine.

Graphique 1.2. **Nombre de déclarations annuelles par type de marqueur (Afrique du Sud, 2009-14)**

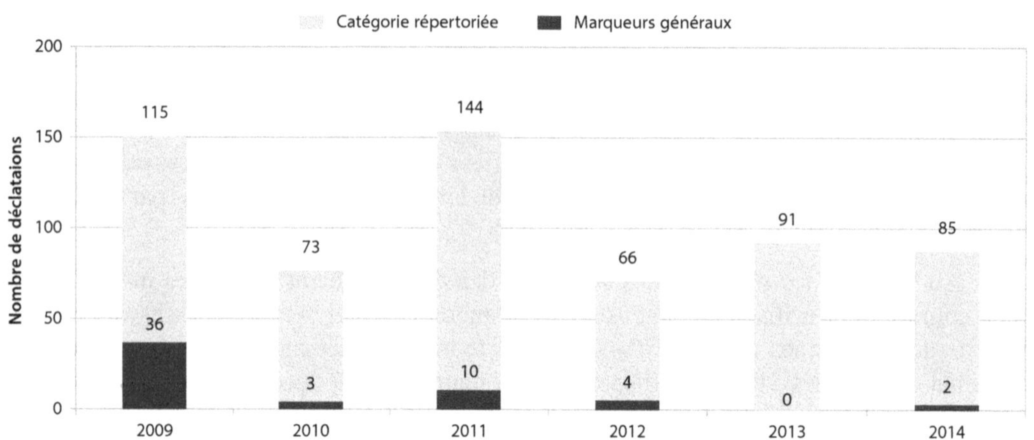

55. Ce chapitre a présenté les objectifs et principes fondamentaux d'un régime de communication obligatoire d'informations, identifié les spécificités de l'obligation déclarative qui la différencient des autres types d'initiatives de communication de renseignements et décrit l'efficacité de l'obligation déclarative en tant qu'outil au service de la discipline fiscale, sur la base de données provenant de pays dotés de régimes de communication obligatoire d'informations. Toutefois, l'impact réel de l'obligation déclarative du point de vue du civisme fiscal dépend des obligations imposées aux contribuables par le régime et du respect par ce dernier des principes fondamentaux énoncés dans ce chapitre.

Notes

1. Le terme « fiscaliste » tel qu'utilisé dans son sens large dans ce rapport englobe ceux qui font la promotion de schémas fiscaux ou de stratégies d'évasion au sens traditionnel du terme et les intermédiaires (tels que les conseillers de référence) qui facilitent la mise en place d'un montage qui fait l'objet d'une obligation déclarative. Voir plus loin *Étude du rôle des intermédiaires fiscaux* (OCDE, 2008).

2. Par exemple, aux États-Unis, le régime de communication obligatoire d'informations n'englobe plus les opérations associées à une forte différence de valeur aux fins comptables et fiscales une fois la mise en place du tableau de retraitement de revenu/perte nette, lequel fournit des informations détaillées sur ces opérations. Voir paragraphe 137 ci-dessous.

3. Cette partie a été préparée d'après les renseignements qu'ont fournis les pays sur les régimes de communication obligatoire d'informations par les pays (Canada, Irlande, le Royaume-Uni et les États-Unis).

4. Pour consulter la législation principale pertinente aux États-Unis, voir les articles 6011, 6111, 6112, 6707, 6707A, 6662A et 6708 du *Internal Revenue Code*, ainsi que les règlements y afférents que le Département du Trésor américain a adoptés. Au Canada, voir les articles 237.1, 237.3, 143.2 et 248 de la *Loi de l'impôt sur le revenu* et en Afrique du Sud, voir les articles 80M à 80T de l'*Income Tax Act*. Au Royaume-Uni, voir la partie 7 (articles 306 à 319) du *Finance Act 2004* et au Portugal, voir le Décret-loi no 20/2008 du 25 février 2008. En Irlande, voir l'article 149 du *Finance Act* 2010.

5. Un lien vers des statistiques des déclarations de montages visant à échapper à l'impôt au Royaume-Uni se trouve ici : https://www.gov.uk/government/uploads/system/uploads/attachment_data/file/379821/HMRC_-_Tax_avoidance_disclosure_statistics_1_Aug_2004_to_30_Sept_2014.pdf (accès le 16 juillet 2015).

6. Dans le cadre du régime irlandais, une opération doit être déclarée si elle permet à un individu d'obtenir un avantage fiscal qui constitue le principal avantage de cette opération et si elle relève de l'une des quatre catégories de marqueur suivantes : 1) clause de confidentialité, 2) prime de résultat, 3) produit fiscal normalisé ou 4) une ou plusieurs catégories d'avantage fiscal (montages s'appuyant sur des pertes, des rémunérations, la conversion de bénéfices en capital, la conversion de bénéfices en don).

7. Ces quatre pays sont le Canada, l'Irlande, l'Afrique du Sud et le Royaume-Uni, qui ont mis en place des régimes de communication obligatoire d'informations. Les statistiques américaines sont exclues de l'analyse car les États-Unis transmettent uniquement des informations accessibles au public au Répertoire sur la planification fiscale agressive.

Bibliographie

OCDE (2011), *Lutter contre la planification fiscale agressive par l'amélioration de la transparence et de la communication de renseignements*, OCDE, Paris, www.oecd.org/ctp/exchange-of-tax-information/48322860.pdf.

OCDE (2008), *Étude du rôle des intermédiaires fiscaux*, Éditions OCDE, Paris. www.oecd.org/fr/royaumeuni/40233303.pdf.

Chapitre 2

Solutions possibles pour une règle type relative à l'obligation déclarative

56. Plusieurs paramètres doivent être pris en compte pour concevoir un régime de communication obligatoire d'informations permettant d'obtenir, au début du processus, les informations recherchées sur des montages visant à échapper à l'impôt, leurs utilisateurs et les fiscalistes qui les proposent. Il s'agit notamment de préciser, concernant l'obligation déclarative : les catégories de personnes visées, la nature des informations qu'elles doivent transmettre et le moment où la communication doit intervenir. L'action 12 a souligné que la définition d'un régime de communication obligatoire d'informations doit suivre une approche suffisamment souple qui tienne compte des besoins et risques propres à chaque pays. Ce chapitre présente donc des solutions possibles pour élaborer un régime type de communication obligatoire d'informations. Cela devrait permettre aux pays qui souhaitent mettre en place un régime de communication obligatoire d'informations d'adopter une approche modulaire suffisamment dynamique pour permettre aux administrations fiscales d'apporter des ajustements au régime pour faire face aux nouveaux risques (ou exclure des situations ne posant plus de risques) et de choisir les solutions répondant le mieux à leurs besoins.

57. On pourrait répartir les régimes de communication obligatoire d'informations aujourd'hui en vigueur en deux grandes catégories :

- La première approche, qui correspond au régime adopté par les États-Unis, s'intéresse aux *opérations*. D'une manière générale, cette approche commence par identifier les opérations qui, selon l'administration fiscale, font naître des risques pour les recettes publiques ou de politique fiscale (montages soumis à déclaration). Une obligation déclarative incombe alors aux contribuables qui obtiennent un avantage fiscal grâce à ce montage, ainsi qu'à toute personne qui apporte une aide substantielle au fonctionnement d'un montage soumis à déclaration.
- La deuxième approche, qui correspond aux régimes en vigueur au Royaume-Uni et en Irlande, s'intéresse aux *fiscalistes*. D'une manière générale, cette approche met avant tout l'accent sur le rôle des fiscalistes qui conçoivent les montages visant à échapper à l'impôt, et définit de plus les catégories de fiscalistes et de contribuables tenus de communiquer des informations sur des montages soumis à déclaration.

58. Si une différence réelle sépare ces approches, elle réside dans la manière dont chaque régime identifie les montages, les contribuables et les fiscalistes, et dans la nature des obligations déclaratives correspondantes. À titre d'exemple, si une approche est centrée sur les fiscalistes, l'obligation déclarative incombe, en premier lieu, à ces derniers, tandis que si elle est centrée sur les opérations, l'obligation concerne tant les contribuables que les fiscalistes. Des différences peuvent aussi exister dans la définition des montages soumis à déclaration. Ainsi, une approche centrée sur les opérations mettra davantage l'accent sur les marqueurs spécifiques, tandis qu'une approche centrée sur les fiscalistes, plus axée

sur l'origine des montages ayant pour objet l'évasion fiscale, peut s'appuyer davantage sur les marqueurs généraux et limiter la portée de l'obligation aux montages dont l'un des principaux avantages est un allègement de l'impôt[1].

59. Bien que les approches puissent avoir des points de départ différents, elles couvrent le même champ et, dans l'ensemble, leurs objectifs, leurs caractéristiques et leurs effets sont identiques. Par conséquent, la distinction entre les approches centrées sur les opérations et celles centrées sur les fiscalistes n'est pas toujours marquée. En particulier :

- aucun des régimes de communication obligatoire d'informations en vigueur ne correspond à une approche centrée exclusivement sur les opérations ou sur les fiscalistes. Par exemple, comme indiqué ci-après, si les États-Unis font porter l'obligation déclarative à la fois sur les fiscalistes et les contribuables, leur régime de communication obligatoire utilise également certains marqueurs généraux pour décourager les fiscalistes de proposer des montages visant à échapper à l'impôt;
- même lorsque les approches paraissent différentes dans la pratique, elles peuvent conduire à des résultats proches. Par exemple, comme exposé ci-après, quand il s'agit de définir qui est concerné par l'obligation déclarative, le régime centré sur les fiscalistes adopté au Royaume-Uni conduit à un résultat pour l'essentiel similaire à celui d'une approche fondée sur les opérations puisque les contribuables sont également tenus de communiquer des informations supplémentaires en transmettant les numéros de référence des montages.

60. Par conséquent, tout en reconnaissant que des différences existent entre les différents régimes de communication obligatoire d'informations, les recommandations formulées dans ce chapitre s'appuient sur les caractéristiques fondamentales communes à ces divers régimes.

Personnes visées par l'obligation déclarative

Vue d'ensemble

61. Les régimes de communication obligatoire d'informations doivent préciser quelles sont les personnes concernées par l'obligation déclarative qu'ils définissent. Comme expliqué ci-dessus, l'analyse des régimes en vigueur montre l'existence de deux approches, selon que l'obligation déclarative : (i) incombe, en premier lieu, au fiscaliste, ou (ii) incombe simultanément au fiscaliste et au contribuable. Tous les régimes examinés prévoient certaines obligations pour le fiscaliste ou le conseiller de référence. De fait, le fiscaliste qui conçoit et vend un montage détient nécessairement le plus d'informations sur ce montage et son fonctionnement. Le choix de soumettre les fiscalistes à l'obligation déclarative est par ailleurs susceptible d'influencer leur comportement et de limiter l'offre de conseil en matière d'évasion fiscale.

Solutions possibles

62. Deux solutions sont donc envisageables :

Encadré 2.1. **Personnes visées par l'obligation déclarative – Options**

- Option A : l'obligation déclarative incombe au fiscaliste **et** au contribuable individuellement
- Option B : l'obligation déclarative incombe **soit** au fiscaliste, **soit** au contribuable

Option A : l'obligation déclarative incombe au fiscaliste et au contribuable individuellement

63. Dans ce cas, le fiscaliste et l'utilisateur du montage sont visés par l'obligation déclarative. Parmi les pays disposant d'un régime de communication obligatoire d'informations, le Canada et les États-Unis ont opté pour ce modèle. Cependant, au Canada, si la procédure appropriée est respectée, la communication d'informations par l'une des parties peut suffire, alors qu'aux États-Unis les contribuables doivent inclure dans leurs déclarations des informations sur certaines opérations, même lorsque ces dernières ont déjà été déclarées par un fiscaliste. De même, aux États-Unis, le fait qu'un contribuable fournisse des informations sur les opérations soumises à déclaration ne libère pas un fiscaliste qui est conseiller de référence d'obligations déclaratives lui incombant.

64. Le régime canadien prévoit une obligation de communication au titre de chaque « opération soumise à déclaration » réalisée dans le cadre d'un montage visant à échapper à l'impôt et soumet à l'obligation déclarative aussi bien les contribuables qui en obtiennent des avantages fiscaux que les fiscalistes et les conseillers pouvant percevoir des honoraires au titre d'une telle opération. Cela étant, si le contribuable, le fiscaliste ou le conseiller dépose une déclaration complète et exacte au titre d'une opération soumise à déclaration, l'administration considère les autres parties comme libérées des obligations déclaratives individuelles leur incombant au titre de cette opération. En outre, si l'opération s'inscrit dans une série, le dépôt d'une déclaration par une partie pour décrire chacune des opérations de cette série libère les autres parties de leurs obligations déclaratives au titre de cette série d'opérations.

65. Selon les règles en vigueur aux États-Unis, chaque contribuable assujetti à l'impôt dans ce pays et ayant participé à une opération soumise à déclaration est tenu de fournir des informations détaillées sur celle-ci et les avantages fiscaux devant en découler au moyen d'une déclaration distincte, jointe à la déclaration de revenus et déposée simultanément auprès de l'Internal Revenue Service (IRS) Office of Tax Shelter Analysis (OTSA).

Option B : l'obligation déclarative incombe soit au fiscaliste, soit au contribuable

66. Dans cette approche, l'obligation déclarative incombe, en premier lieu, aux fiscalistes et, lorsque ceux-ci s'en acquittent, les utilisateurs d'un montage ne sont pas, en règle générale, tenus de fournir d'informations à ce sujet à l'administration fiscale. Au Royaume-Uni comme en Afrique du Sud, le fiscaliste doit transmettre au participant ou à l'utilisateur un numéro de référence du montage à inclure dans leur déclaration et, en Afrique du Sud, le participant est libéré de ses obligations déclaratives uniquement s'il a obtenu une confirmation écrite indiquant que la déclaration appropriée a été déposée par un fiscaliste ou par un autre partie.

67. Le choix de faire porter l'obligation déclarative en premier lieu sur le fiscaliste peut être judicieux en termes d'efficacité et, notamment dans le cas d'un montage largement répandu, c'est sans doute le fiscaliste qui dispose de la meilleure compréhension du montage et des avantages fiscaux correspondants. Toutefois, en l'absence de fiscaliste, ou si celui-ci ne réalise pas de déclaration ou n'est pas autorisé à communiquer des informations relatives à un montage, l'obligation déclarative est reportée sur les utilisateurs, qui sont alors tenus de fournir les détails relatifs au montage. Le Royaume-Uni, le Portugal, l'Irlande et l'Afrique du Sud ont prévu que l'obligation déclarative incombe, en premier lieu, à l'utilisateur dans les cas de figure décrits ci-dessous.

i) Le fiscaliste est établi à l'étranger

68. En théorie, les régimes de communication obligatoire d'informations s'appliquent au même titre à tous les fiscalistes. Cela étant, lorsqu'un montage fait intervenir un fiscaliste établi à l'étranger, des difficultés pratiques font obstacle au respect de l'obligation déclarative, qui est reportée sur l'utilisateur du montage, ce dernier étant alors tenu de fournir à l'administration fiscale les informations requises.

ii) On constate l'absence de fiscaliste

69. Lorsqu'un montage n'a donné lieu à l'intervention d'aucun fiscaliste, son utilisateur est visé par l'obligation déclarative. C'est notamment le cas de montages conçus « en interne » par une entreprise. Il convient cependant de souligner que, dans ce cas, l'obligation déclarative s'applique uniquement aux montages effectivement mis en place.

iii) Le fiscaliste fait valoir le secret professionnel

70. Même si des montages conçus par des juristes entrent dans le champ des règles relatives à l'obligation déclarative, il est possible que la législation existante reconnaisse que le secret professionnel, tel que défini par exemple dans la loi au Royaume-Uni et en Irlande, puisse empêcher un fiscaliste de fournir les informations requises pour s'acquitter pleinement de son obligation déclarative[2]. Dans ce cas, l'obligation déclarative est reportée sur l'utilisateur du montage. Si le client renonce, comme il en a la possibilité, à bénéficier du secret professionnel, le fiscaliste reste soumis à l'obligation déclarative. Le juriste qui fait valoir le secret professionnel doit informer ses clients des obligations déclaratives qui leur incombent et doit également informer l'administration fiscale du fait qu'il ne s'est pas acquitté, en raison du secret professionnel, des obligations déclaratives qui lui revenaient.

Considérations supplémentaires

71. Quelle que soit la solution retenue, les termes « fiscaliste » ou « conseiller » devront être définis. Les régimes existants ont retenu différentes définitions qui se rejoignent en partie. Ces définitions sont présentées ci-dessous et sont résumées dans l'annexe E.

Encadré 2.2. **Projet de définition du terme « fiscaliste »**

- Le terme « **fiscaliste** » désigne une personne responsable, au sein d'une entreprise concernée, de la conception, de la commercialisation, de l'organisation ou de la gestion d'un montage, ou qui met un montage à la disposition d'une autre personne (**législations britannique et irlandaise**).
- Le terme « **conseiller de référence** » désigne toute personne qui fournit une aide, une assistance ou des conseils substantiels concernant l'organisation, la gestion, la promotion, la vente, la mise en œuvre, la garantie ou la réalisation d'une opération soumise à déclaration et qui perçoit, directement ou indirectement, une rémunération brute supérieure aux seuils de 50 000 ou 250 000 USD (ou de 10 000 et 25 000 USD), selon la catégorie de contribuable et le type d'opération soumise à déclaration (**législation américaine**).

Encadré 2.2. **Projet de définition du terme « fiscaliste »** *(suite)*

- Le terme « **conseiller** » désigne une personne qui apporte à un tiers une protection contractuelle au titre d'une ou de plusieurs opérations, ou qui lui fournit une assistance ou des conseils concernant la création, la conception, la planification, l'organisation ou la mise en œuvre d'une ou de plusieurs opérations. Le terme « **fiscaliste** » désigne une personne qui :a) assure la promotion ou la vente d'un dispositif incluant une ou plusieurs opérations, ou s'y rapportant;b) déclare ou affirme, dans le cadre de la promotion ou de la vente d'un dispositif, qu'un avantage fiscal pourrait en découler; ouc) accepte une rémunération au titre d'un dispositif visé par a) ou b) (**législation canadienne**).
- Le terme « **fiscaliste** » désigne une personne qui assume la responsabilité principale de l'organisation, de la conception, de la vente, du financement ou de la gestion d'un dispositif soumis à déclaration (**législation sud-africaine**).
- Les concepts ou principes communs figurant dans ces différentes définitions sont les suivants :
  - le terme « fiscaliste » désigne toute personne responsable de la conception, de la commercialisation, de l'organisation ou de la gestion d'un élément se rapportant à l'avantage fiscal d'un montage soumis à déclaration, ou qui participe à ces activités lors de la prestation de services relatifs à la fiscalité ;
  - cette définition peut englober toute personne qui fournit une aide, une assistance ou des conseils substantiels concernant la conception, la commercialisation, l'organisation ou la gestion des aspects fiscaux d'une opération qui ont pour effet d'en faire l'objet d'une obligation de déclaration.

72. Par ailleurs, les deux options prévoient une obligation incombant au fiscaliste, ce qui peut contribuer à limiter l'offre de conseil en matière d'évasion fiscale. L'option A présente notamment l'avantage d'un effet dissuasif potentiel à la fois sur le versant de l'offre (fiscaliste) et sur celui de la demande (utilisateur) en matière de montages visant à échapper à l'impôt.

73. L'option A prévoit de plus une obligation déclarative plus large pour les utilisateurs que ne le fait l'option B, et peut donner lieu à différentes déclarations au titre d'une même opération. Une double obligation déclarative limite les risques d'inexactitude des déclarations puisque, à titre d'exemple, la déclaration émanant d'un contribuable peut être rapprochée de celle du fiscaliste afin de vérifier si les informations fournies sont complètes et exactes.

74. Cependant, la première option risque d'induire des coûts plus élevés, étant donné que l'administration fiscale peut demander au contribuable de déposer une déclaration distincte pour chaque opération à laquelle il a participé et qui entre dans le champ du régime de communication obligatoire d'informations. Par conséquent, cette approche augmentera les coûts administratifs et de mise en conformité pour le contribuable et, probablement, pour l'administration fiscale. Avant de définir quelles sont les parties soumises à l'obligation déclarative, il convient donc d'évaluer si ces coûts plus élevés ne neutralisent pas les avantages attendus d'une double obligation déclarative.

75. L'approche retenue peut aussi orienter les choix d'un pays concernant d'autres caractéristiques de son futur régime de communication obligatoire d'informations. S'il prévoit, par exemple, une double obligation déclarative incombant à la fois au contribuable et au fiscaliste, l'utilisation de numéros de référence attribués aux montages n'est pas nécessaire.

Recommandation

76. Les pays qui mettent en place des règles relatives à l'obligation déclarative devront décider s'ils optent pour une double obligation déclarative incombant à la fois au contribuable et au fiscaliste, ou pour obligation déclarative incombant, en premier lieu, au fiscaliste. Cependant, dans le deuxième cas, il est recommandé de prévoir un report de l'obligation déclarative sur le contribuable dans les cas de figure suivants :

- le fiscaliste est établi à l'étranger,
- l'absence du fiscaliste est constatée,
- le fiscaliste fait valoir le secret professionnel.

77. Les pays peuvent définir à leur discrétion les termes « fiscaliste » ou « conseiller » ; il leur est cependant recommandé de faire en sorte que toute définition englobe les principes énoncés dans l'encadré 2.2. ci-dessus. En outre, il importe d'obtenir les commentaires des parties prenantes nationales intéressées pour élaborer la définition adéquate du terme « fiscaliste » dans une juridiction spécifique, à titre d'exemple, pour inclure ceux qui ont connaissance de l'existence d'un montage fiscal et faire en sorte que ceux qui fournissent des services accessoires au montage ne soient pas associés aux promoteurs lorsqu'ils n'avaient pas connaissance des éléments fiscaux d'une opération ou d'un montage.

Informations devant être communiquées

78. Deux grandes questions doivent être examinées afin de définir quelles informations devront être communiquées. La première touche à la nature même d'un régime de communication obligatoire d'informations et s'attache à recenser les montages ou dispositifs que l'administration fiscale veut connaître. La seconde question concerne les informations précises qui font l'objet d'une communication obligatoire d'informations pour chaque opération soumise à l'obligation déclarative (par exemple : nom du contribuable, numéro d'identifiant fiscal, détails de l'opération, etc.) Cette section décrit les catégories de montages et de dispositifs qui devraient être soumises à déclaration en vertu d'un régime de communication obligatoire d'informations (ce qui revient à définir le terme « montage soumis à déclaration »). La deuxième question est examinée plus en détail dans la section « Questions de procédure et d'administration de l'impôt ».

Critère de seuil

79. Dans les régimes de communication obligatoire d'informations existants, une opération doit être déclarée lorsqu'elle répond aux descriptions ou présente les « marqueurs » énoncés dans le régime applicable. Cela étant, certains régimes appliquent d'abord un critère ou une condition préalable pour délimiter le champ de l'obligation déclarative. Ces critères préalables peuvent consister à vérifier si une opération présente les caractéristiques d'un montage visant à échapper à l'impôt, ou si l'avantage principal découlant du montage est de nature fiscale[3].

80. Plusieurs pays, comme le Royaume-Uni, l'Irlande et le Canada, appliquent un critère ou une condition préalable pour définir si le régime de communication obligatoire d'informations doit, ou non, s'appliquer. Un tel test permet d'éviter les déclarations inutiles et peut, sous réserve des préoccupations mises en lumière au paragraphe 91 ci-dessous, alléger en partie la charge administrative et les coûts de mise en conformité en mettant l'accent sur les opérations réalisées à des fins fiscales, qui présentent les principaux risques en termes de recettes publiques et de politique fiscale. Les avis sont partagés quant aux mérites respectifs d'une

application des critères en une seule ou en plusieurs étapes ou utilisant un critère de seuil. Les partisans de la première méthode font valoir que des résultats comparables à ceux d'une approche en plusieurs étapes peuvent être obtenus en une seule étape en utilisant des tests et des marqueurs plus précis et ciblés, et qu'en fin de compte, les deux méthodes ne diffèrent pas radicalement.

81. L'une des principales difficultés de l'application d'un critère de seuil est liée à la pertinence de celui-ci. Le critère de seuil le plus souvent employé est celui de l'avantage principal. Il s'agit alors de déterminer si l'avantage principal ou l'un des avantages principaux attendus de la mise en place du dispositif est, ou pourrait être, de nature fiscale. Ce critère compare le montant de l'avantage fiscal attendu avec tous les autres avantages pouvant découler de l'opération, et présente l'intérêt de s'appuyer sur une évaluation objective des avantages fiscaux. Un certain nombre de pays estiment que ce critère est efficace pour faire ressortir les montages les plus intéressants à analyser.

82. Cependant, le critère de l'avantage principal conduit à ne retenir qu'un nombre relativement limité de montages, et l'expérience acquise par au moins un pays suggère qu'il peut être employé de manière inappropriée, permettant de soustraire aux règles relatives à l'obligation déclarative des montages visant à échapper à l'impôt qui intéresseraient l'administration fiscale. L'utilisation de ce critère peut aussi compliquer la mise en œuvre des règles relatives à l'obligation déclarative et générer pour les contribuables une incertitude sur les conclusions qui seront tirées par l'administration fiscale.

Options

83. Compte tenu de l'analyse qui précède, deux options sont proposées :

Encadré 2.3. **Approche en une ou plusieurs étapes pour définir le champ d'un régime de communication obligatoire d'informations**

- Option A : choix d'une approche en une seule étape
- Option B : choix d'une approche en plusieurs étapes, ou utilisant un critère de seuil

Option A : choix d'une approche en une seule étape

84. Comme indiqué plus haut, les pays qui ont pris part aux travaux ont exprimé des avis différents quant à l'utilisation d'un critère de seuil. Une solution consisterait à exclure purement et simplement l'emploi d'un tel test pour recommander une approche en une seule étape. Parmi les pays qui disposent d'un régime de communication obligatoire d'informations, les États-Unis ont adopté une approche en une seule étape, qui s'applique indépendamment du fait qu'un avantage fiscal national ait été considéré comme relevant de l'évasion fiscale ou comme constituant l'avantage principal de l'opération.

85. On peut cependant craindre qu'une approche en une seule étape entraine un nombre élevé de déclarations, augmente les coûts pour les contribuables et l'administration fiscale et réduise l'intérêt des informations obtenues. La quantité de déclarations peut être contrôlée en utilisant d'autres outils, comme des marqueurs plus précis ou mieux ciblés et/ou en filtrant les déclarations en fonction d'un montant minimum. Cela semble être l'approche choisie par les États-Unis, qui limitent le nombre d'opérations soumises à déclaration en employant des marqueurs particuliers, c'est-à-dire en se limitant aux

opérations répertoriées sur une liste prédéfinie et en leur appliquant des filtres. Dans le régime américain, des seuils monétaires sont notamment utilisés pour filtrer les opérations s'appuyant sur des pertes et pour définir le terme « conseiller de référence ». Les deux approches peuvent donc fournir des résultats comparables en termes de quantité de déclarations reçues et le choix de l'approche peut être influencé par la manière dont un critère tel que l'avantage principal est compris ou appliqué par les contribuables.

Option B : choix d'une approche en plusieurs étapes, ou utilisant un critère de seuil

86. Les régimes en place au Royaume-Uni, en Irlande, au Canada et au Portugal suivent une approche en plusieurs étapes et l'obligation déclarative ne porte que sur les montages retenus après l'application d'un critère de seuil. Une approche en plusieurs étapes permet d'isoler la composante de planification fiscale au sein de chaque montage selon une norme commune et d'utiliser des marqueurs qui ciblent certaines opérations (de crédit-bail, par exemple) sans devoir identifier séparément et définir toutes les composantes possibles. Cette souplesse est particulièrement appropriée dans le cas de marqueurs généraux qui ne permettent pas toujours d'identifier les motivations fiscales. Cependant, il a été admis qu'une condition préalable centrée sur un avantage fiscal peut s'avérer peu efficace dans le cas de montages internationaux. Les pays appliquant une condition préalable peuvent donc avoir intérêt à en réserver l'utilisation aux montages limités à leur territoire et à adopter une approche en une seule étape pour les régimes de communication obligatoire d'informations. Cette question est examinée plus en détail dans le chapitre 3. Le risque que des contribuables utilisent un critère de seuil pour échapper à l'obligation déclarative peut être levé en abaissant le seuil minimum aux fins de déclaration ou en prévoyant que certains marqueurs soient appliqués sans test préalable. Cette approche a été retenue par l'Afrique du Sud qui exclut tout dispositif dont l'avantage principal ou l'un des avantages principaux n'est pas de nature fiscale, à moins que ce dispositif ne corresponde à une opération répertoriée (ce qui équivaut à l'utilisation de marqueurs spécifiques), auquel cas il est soumis à déclaration, qu'il répondre ou non au critère de l'avantage principal.

Critère de minimis

87. Un critère fondé sur un montant minimum peut être utilisé à la place d'un test préalable plus large, ou en complément de celui-ci, pour exclure les opérations d'un montant faible du champ de l'obligation déclarative. En réduisant le champ du régime de communication obligatoire d'informations, ce filtre pourrait limiter le risque d'un nombre excessif de déclarations et améliorer l'utilité des informations obtenues, qui concerneraient des opérations de montants plus importants. Les problèmes liés aux déclarations trop nombreuses ou à vocation préventive seraient alors limités, tout comme les coûts et la charge administrative pour certains contribuables et pour l'administration fiscale.

88. De plus, dans l'objectif d'éviter que le nombre d'opérations soumises à déclaration soit trop élevé, un critère de minimis pourrait être appliqué à toutes les opérations entrant dans le champ de l'obligation déclarative, ou à certaines catégories d'opérations seulement. Chaque marqueur spécifique peut être assorti d'un montant minimum qui lui est propre afin de contrôler la quantité de déclarations dans un domaine particulier, et certains pays ont déjà adopté cette approche. Le régime américain, par exemple, prévoit des seuils monétaires propres aux montages s'appuyant sur des pertes, allant de 50 000 USD à 10 millions USD, selon les différentes catégories de contribuables et de montages s'appuyant sur des pertes.

89. Cela étant, il convient de choisir l'élément de l'opération qui serait comparé avec ce critère de minimis : il peut s'agir du montant de l'avantage fiscal attendu ou de celui

de l'opération elle-même. On peut craindre en outre que ce filtre, s'il était mal défini, puisse permettre un contournement de l'obligation déclarative, ou complique l'application des règles. De plus, l'adoption d'un critère de minmis peut donner à penser, de manière inappropriée, que l'évasion fiscale est tolérable pour des montants limités, quand, de fait, la taille d'une opération est parfois peu corrélée, voire pas du tout, à l'intérêt de cette opération pour l'administration fiscale. À titre d'exemple, une opération d'un nouveau type peut être dans un premier temps « testée » à petite échelle, et le fait qu'une telle opération soit exclue du champ de l'obligation déclarative en vertu d'un critère de minimis et jusqu'à ce qu'elle atteigne des montants plus importants, ne fait que retarder le moment où l'administration fiscale recevra les informations pertinentes et sera en mesure d'agir. Enfin, la nature d'une opération peut suffire à déterminer que celle-ci, quel qu'en soit le montant, intéressera l'administration fiscale, notamment dans un régime de communication obligatoire d'informations englobant les opérations internationales.

90. L'analyse qui précède a permis de conclure qu'il n'est pas souhaitable d'associer un critère de montant minimum à un test reposant sur l'avantage principal : ce dernier permettant déjà à un régime de ne cibler que les opérations conçues pour obtenir un avantage fiscal, il est inutile de lui adjoindre un autre test. Néanmoins, lorsqu'il est associé à un marqueur spécifique, comme c'est le cas aux États-Unis, un critère lié à un montant minimum peut être plus simple à appliquer et produire des effets plus mesurables. Le niveau du seuil est alors librement fixé par chaque administration fiscale et peut contribuer à limiter le nombre de déclarations présentées au titre d'un marqueur spécifique, lorsque les opérations soumises à déclaration sont potentiellement nombreuses.

Marqueurs

91. Les marqueurs sont utilisés par l'administration pour recenser certains éléments propres aux montages fiscaux qui l'intéressent. Ils appartiennent le plus souvent à deux catégories, selon qu'ils sont de nature générale ou spécifique. Les marqueurs généraux correspondent à des caractéristiques communes aux montages visant à échapper à l'impôt, comme l'existence d'une clause de confidentialité ou le versement d'une prime de résultat. Les marqueurs généraux peuvent aussi être utilisés pour appréhender de nouvelles catégories de montages qui peuvent être aisément reproduits et vendus à de nombreux contribuables. Les marqueurs spécifiques sont employés pour pallier les points faibles identifiés dans le système fiscal et cibler les mécanismes fréquemment utilisés dans les dispositifs ayant pour objet l'évasion fiscale, comme les montages fondés sur les pertes.

Présentation des marqueurs généraux

92. Deux marqueurs sont fréquemment utilisés pour cibler les montages visant à échapper à l'impôt :

- les marqueurs liés à la « confidentialité » : un fiscaliste ou un conseiller demande à son client de préserver la confidentialité des informations relatives au montage ; et
- les marqueurs « prime de résultat » ou « bonus » : le montant de la prestation de conseil payé par le client peut être corrélé au montant de l'avantage fiscal obtenu par l'intermédiaire du montage.

93. D'autres marqueurs sont moins utilisés comme la « protection contractuelle » (les parties prévoient une répartition des risques en cas d'échec du montage à générer les avantages fiscaux attendus) ou le « produit fiscal standardisé » (pour désigner les montages largement répandus).

Confidentialité

94. Un montage confidentiel désigne un montage assorti de conditions de confidentialité proposé par un conseiller à ses clients. L'obligation de confidentialité incombe au client envers le fiscaliste (cette obligation n'est cependant pas réciproque). Le fiscaliste pourrait, par exemple, limiter la communication par le contribuable d'informations concernant le traitement fiscal ou la structure fiscale du montage. Ces limitations ont pour objet de protéger la valeur du montage conçu par le fiscaliste.

95. La présence d'une clause de confidentialité signifie qu'un fiscaliste ou une société souhaite maintenir confidentiel un montage ou un dispositif, soit vis-à-vis des autres fiscalistes, soit vis-à-vis des autorités fiscales. Elle indique la nature potentiellement innovante ou agressive du montage concerné. Une clause de confidentialité permet à un fiscaliste ou à une entreprise de vendre le même montage à différents contribuables.

96. On peut donc estimer que le marqueur est présent dès lors qu'un contrat inclut une clause de confidentialité. Cependant, même lorsque certains fiscalistes utilisent une clause ou condition de confidentialité, l'administration fiscale pourrait estimer que ce marqueur n'est pas présent si le montage est suffisamment connu de la communauté fiscale. C'est l'approche retenue au Royaume-Uni.

Prime de résultat ou bonus

97. La présence d'une clause prévoyant le paiement d'une « prime de résultat » figure aussi parmi les marqueurs généraux les plus utilisés. Ce marqueur existe, sous diverses formes, dans les régimes en vigueur au Royaume-Uni, aux États-Unis, en Irlande et au Canada. Il a pour objet de recenser les montages dont la vente a été motivée par les avantages fiscaux attendus. Les régimes britannique, irlandais et canadien complètent le marqueur « prime de résultat » par un marqueur lié à des honoraires dont le versement dépend de l'avantage fiscal obtenu grâce à un montage (honoraires versés sous condition).

98. Dans le régime britannique, le marqueur « prime de résultat » vise les dispositifs grâce auxquels un fiscaliste peut obtenir une prime (de résultat) plus élevée. Une prime de résultat désigne une rémunération en grande partie liée à l'avantage fiscal obtenu, ou subordonnée d'une manière ou d'une autre à l'obtention d'un tel avantage. Son montant dépend ainsi à la fois de la qualité du conseil fiscal et du fait que ce conseil ne puisse être trouvé ailleurs. Toutefois, un client refuserait de verser plus qu'une rémunération normale en contrepartie d'un montage dont le fonctionnement et les avantages seraient largement connus.

99. Même si le marqueur relatif aux honoraires prévu par la législation américaine est dénommé « protection contractuelle », il correspond plutôt à un marqueur visant une prime de résultat. Ce marqueur couvre en effet les situations où un contribuable ou une partie liée peut obtenir le remboursement total ou partiel des honoraires si les avantages fiscaux escomptés ne sont pas générés, et s'applique si le versement des honoraires dépend de l'obtention par le contribuable d'avantages fiscaux découlant du montage.

100. Certains pays ont indiqué que la prime de résultat était parfois remplacée par une facturation de frais plus élevés lors de l'opération elle-même (au lieu de facturer une commission distincte pour des conseils juridiques ou fiscaux), et que la définition de la prime de résultat devrait englober ce cas de figure. Cependant, d'autres pays ont estimé que la définition de la prime de résultat pourrait être suffisamment large pour couvrir ces facturations de frais, tandis que quelques pays ont souligné que le choix d'une définition large pourrait entrainer des problèmes de formulation et de respect des règles, et ont

suggéré d'adopter d'autres marqueurs susceptibles de mieux cibler de tels montages. Lorsqu'ils définiront la notion de prime de résultat, les pays veilleront donc à tenir compte des difficultés liées au libellé de la définition et au respect des règles.

Protection contractuelle

101. Le Canada et le Portugal ont mis en place un marqueur général portant sur la présence d'une clause de protection contractuelle. Au Canada, la protection contractuelle désigne : a) toute forme d'assurance (autre qu'une assurance responsabilité professionnelle classique) ou toute autre protection telle qu'une indemnité ou un dédommagement visant à offrir : i) la protection contre le défaut d'obtention d'un avantage fiscal attendu d'une opération; ou ii) le paiement ou le remboursement de dépenses, d'honoraires, d'impôt, d'intérêts, de pénalités ou d'un montant semblable pouvant être dû au titre d'un différend à l'égard d'un avantage fiscal découlant d'une opération; et b) toute forme d'engagement donné par un fiscaliste d'apporter une aide au contribuable dans le cadre d'un différend à l'égard d'un avantage fiscal découlant d'une opération.

102. Le Portugal utilise, pour déterminer si une opération est soumise à déclaration, un marqueur général lié à l'existence d'une clause limitant ou excluant la responsabilité du fiscaliste.

Produits fiscaux standardisés

103. Ce marqueur vise les « montages vendus en masse », pour reprendre une désignation souvent employée. Il est utilisé comme marqueur général au Royaume-Uni et en Irlande. L'expression « montage vendu en masse » désigne un dispositif auquel plusieurs personnes peuvent avoir accès et assorti d'une documentation standardisée qui n'a pas été adaptée de manière significative pour tenir compte de circonstances propres au client.

104. La principale caractéristique de ces montages est la facilité avec laquelle on peut les reproduire, ce qui leur vaut d'être parfois décrits comme étant « sur étagère » ou « prêts à l'emploi ». Typiquement, le client achète un produit fiscal « préfabriqué » pouvant être utilisé tel quel, ou après des modifications limitées. Le client n'a pas besoin, pour mettre en place le montage, d'un accompagnement important sous la forme de services de conseil professionnels.

105. La Corée utilise un marqueur proche du marqueur lié au produit fiscal standardisé. Le régime de communication obligatoire d'informations coréen vise les produits « financiers » standardisés qui génèrent un avantage fiscal. Un tel produit financier à visée fiscale est en règle générale vendu en masse auprès de plusieurs participants qui concluent des accords contractuels pratiquement identiques. L'obtention d'un avantage fiscal est la principale motivation des clients, qui n'achèteraient certainement pas ce produit s'il n'offrait aucun avantage fiscal. En conséquence, le régime de communication obligatoire d'informations coréen oblige les institutions financières ayant conçu des produits financiers générant des avantages fiscaux, tels qu'une exonération fiscale ou l'application d'un taux réduit de retenue à la source, à effectuer une déclaration auprès des autorités fiscales avant de le proposer aux investisseurs sur les marchés financiers.

Marqueurs généraux type

106. La plupart des pays ont convenu qu'un régime de communication obligatoire d'informations devrait associer marqueurs généraux et spécifiques et que toute opération présentant un marqueur devait donner lieu à une déclaration. Les encadrés présentés ci-après présentent certains marqueurs généraux retenus dans les régimes de communication obligatoire d'informations existants et les regroupent autour de principes communs pouvant être utilisés pour élaborer des marqueurs généraux « type ». Les pays qui souhaitent adopter des règles relatives à l'obligation déclarative pourraient s'en inspirer pour définir leurs marqueurs généraux, en les modifiant éventuellement pour les adapter à leur droit national.

107. Il convient de noter que la plupart des marqueurs généraux (à l'exception de ceux retenus par les États-Unis) ont été conçus pour être utilisés après un test préalable ayant permis d'établir que l'opération présente les caractéristiques d'un montage visant à échapper à l'impôt ou que le principal avantage attendu est de nature fiscale. Il pourra donc être nécessaire de vérifier si ces marqueurs seraient aussi efficaces en l'absence d'un tel test préalable, ou s'ils devraient être modifiés pour limiter de manière appropriée le nombre de déclarations reçues[4].

Confidentialité

108. Quatre régimes de communication obligatoire d'informations (adoptés par le Royaume-Uni, les États-Unis, le Canada et l'Irlande) utilisent un marqueur lié à la confidentialité, qui semble être un outil décisif du fait de son efficacité à détecter de nouvelles catégories de montages. Au Royaume-Uni et en Irlande, ce marqueur est associé à un raisonnement par hypothèses, comme précisé aux paragraphes ci-dessous.

Encadré 2.4. **Marqueurs liés à la confidentialité**

- Une opération est dite **confidentielle** si elle est proposée à un contribuable sous conditions de confidentialité, et que le conseiller reçoit un tarif minimal. Le montant du tarif est de 250 000 USD si le contribuable est une société et 50 000 USD pour tous les autres contribuables. Une transaction est considérée offerte sous condition de confidentialité si le conseiller qui est payé au tarif minimal limite la communication par le contribuable d'informations concernant le traitement fiscal ou la structure fiscale de l'opération auprès de tiers et si cette limitation vise à garantir la confidentialité des stratégies fiscales du conseil. Une opération est considérée comme confidentielle même lorsque ces limitations ne sont pas juridiquement contraignantes pour le contribuable. Une demande d'exclusivité n'est pas traitée comme limitant la déclaration si le conseiller confirme au contribuable qu'il y a absence de limitation sur la déclaration concernant le traitement fiscal ou la structure fiscale de l'opération (législation **américaine**).
- Le **droit à la confidentialité** désigne toute restriction à la divulgation de renseignements auprès de tiers, à l'égard des détails ou de la structure de l'opération ou de la série d'opérations qui donne lieu à un avantage fiscal (législation **canadienne**).
- Des dispositifs dits **confidentiels** si l'on peut raisonnablement estimer qu'un fiscaliste souhaiterait préserver la confidentialité, vis-à-vis d'autres fiscalistes ou des autorités fiscales, de tout élément d'information décrivant comment certaines caractéristiques de ces dispositifs permettent, ou pourraient permettre, d'obtenir un avantage fiscal de tout fiscaliste ou autorité fiscale. De tels dispositifs seront visés par le marqueur lorsqu'une confidentialité a pour objet de faciliter l'utilisation continue à l'avenir d'un élément donné ou d'éléments sensiblement identiques (législations du **Royaume-Uni** et de l'**Irlande**).

Encadré 2.4. **Marqueurs liés à la confidentialité** *(suite)*

- Les thèmes ou principes communs à ces marqueurs sont les suivants :
  - le montage ou le dispositif est proposé au contribuable sous conditions de confidentialité ;
  - le contribuable n'est pas libre de communiquer des informations relatives au traitement fiscal de l'opération, à sa structure fiscale ou à l'avantage fiscal qui en découle ;
  - ces conditions de confidentialité protègent les stratégies du conseiller fiscal et permettent de poursuivre l'utilisation du montage ou de l'opération en question.

Prime de résultat ou bonus

109. Des marqueurs liés à l'existence d'une prime de résultat ou d'un bonus sont présents dans les régimes en place au Royaume-Uni, aux États-Unis, en Irlande et au Canada. Si le marqueur lié à la prime de résultat diffère légèrement de celui portant sur la protection contractuelle utilisé au Canada et au Portugal, des traits communs existent, puisque dans les deux cas on examine les résultats attendus d'une opération et le fait qu'ils soient, ou non, atteints. De ce fait, il n'est probablement pas nécessaire qu'un régime de communication obligatoire d'informations cumule un marqueur lié à la prime de résultat et un autre portant sur la protection contractuelle. Comme mentionné plus haut, une prime de résultat ne fait pas toujours l'objet d'une facturation distincte mais peut prendre la forme d'une facturation de frais plus élevés lors de l'opération elle-même.

Encadré 2.5. **Marqueurs liés à une prime de résultat/un bonus**

- **Une opération** est dite **assortie d'une prime de résultat** (sous réserve de certaines exceptions) si le contribuable est en droit d'obtenir un remboursement total ou partiel des honoraires lorsque les avantages fiscaux attendus de l'opération ne sont pas obtenus, ou le sont en partie seulement. Cette définition couvre également toute opération pour laquelle le versement des honoraires dépend de l'obtention par le contribuable d'avantages fiscaux découlant de l'opération (législation **américaine** – sous la dénomination de « **protection contractuelle** »).
- **Un bonus** désigne un type d'honoraires prévu dans le cadre d'un dispositif ayant permis d'obtenir un avantage fiscal et dont la facturation : a) est en grande mesure attribuable à cet avantage fiscal ; ou b) dépend dans une certaine mesure de l'obtention de celui-ci (législations du **Royaume-Uni** et de l'**Irlande**).
- Les **honoraires conditionnés aux avantages fiscaux** sont une catégorie d'honoraires auxquels un conseiller ou fiscaliste peut prétendre au titre d'une opération visant à échapper à l'impôt et dont : a) le montant est fonction de celui de l'avantage fiscal généré par l'opération ; b) la facturation dépend de l'obtention d'un tel avantage fiscal ; ou c) le montant est fonction du nombre de contribuables ayant pris part à l'opération ou ayant eu recours aux services du conseiller ou du fiscaliste (législation **canadienne**).
- Les principes communs à ces marqueurs sont les suivants :
  - les honoraires versés par le contribuable au titre du montage ou de l'opération sont directement liés à l'obtention de l'avantage fiscal attendu ou au montant de celui-ci ;
  - le montant acquitté par le contribuable peut varier si l'avantage fiscal attendu n'est pas obtenu.

Marqueurs généraux associés à un raisonnement par hypothèses

110. Dans les régimes en vigueur au Royaume-Uni et en Irlande, les marqueurs liés à la confidentialité et à la prime de résultat couvrent non seulement les montages assortis d'une prime de résultat effectivement vendus à des clients mais aussi ceux susceptibles d'être vendus par un fiscaliste. Le champ du marqueur est donc élargi sous l'effet d'un raisonnement par hypothèses :

- « Il est raisonnable de penser qu'un fiscaliste souhaiterait préserver la confidentialité, vis-à-vis de tout autre fiscaliste, des informations décrivant comment certaines caractéristiques d'un dispositif permettent de générer un avantage fiscal. » (confidentialité)
- « Il est raisonnable de penser qu'un fiscaliste pourrait obtenir le versement d'une prime de résultat par une personne ayant déjà acheté des services de conseil analogues à ceux fournis par le fiscaliste. » (prime de résultat)

111. Selon ce raisonnement par hypothèses, un montage est visé par le marqueur lié à la confidentialité dès lors qu'il est suffisamment innovant pour justifier que le conseiller qui l'a conçu cherche à ce que certaines de ses caractéristiques restent confidentielles, sans s'arrêter à l'existence, ou à l'absence, d'un accord de confidentialité. L'usage d'un accord de confidentialité explicite pourrait signifier que les critères sont satisfaits. Cependant, en dépit de l'accord de confidentialité, que le montage peut se révéler être en fait bien connu par la communauté fiscale, par exemple, dans la presse fiscale, les manuels scolaires, ou la jurisprudence. Au Royaume-Uni, les facteurs suivants sont considérés[5] :

- la nouveauté, l'aspect innovateur et agressif du montage. Les montages connus de l'administration fiscale ne sont pas ciblés par les marqueurs de confidentialité. Le fait qu'un montage soit connu se démontre par exemple par des notes d'orientation techniques, la jurisprudence ou de la correspondance antérieure avec l'administration fiscale ;
- l'imposition par un fiscaliste d'une obligation sur ses clients potentiels, par écrit ou verbalement, en vue de garder confidentiels les détails du montage vis-à-vis des tiers, y compris l'administration fiscale ;
- les accords de confidentialité entre un fiscaliste et son client permettent au client de divulguer l'information à l'administration fiscale sans référence au fiscaliste ;
- l'usage de mises en garde explicites sur le matériel publicitaire ou autres communications avec le client concernant le fait que le montage puisse avoir une « durée de vie » limitée car les changements législatifs peuvent clore le montage une fois qu'il est connu.

112. Pour appliquer ce raisonnement par hypothèses au marqueur lié à la prime de résultat, il convient d'envisager la valeur du montage du point de vue du client. Si ce dernier juge que le conseil est à la fois de valeur et d'un accès suffisamment restreint, il peut être disposé à verser une prime pour l'acquérir. Le fait que le conseiller ne facture pas de prime de résultat n'est donc pas concluant. À l'inverse, il est peu probable qu'un client accepterait d'acquitter des honoraires supérieurs à la norme pour se procurer un conseil fiscal auquel il aurait très facilement accès. Par conséquent, la question est de savoir s'il est raisonnable de penser qu'un fiscaliste pourrait, s'il le souhaitait, facturer une prime de résultat[6]. Dans le même temps, il est également nécessaire d'examiner si un honoraire pourrait être facturé en relation avec un élément quelconque du montage fiscal, de sorte qu'il serait en grande partie attribuable à, ou conditionné par, l'avantage fiscal escompté. Par exemple,

au Royaume-Uni, un honoraire n'est pas considéré comme une prime de résultat en raisons de facteurs tels que :

- le lieu où se trouve le conseiller : par exemple, l'honoraire pourrait potentiellement être plus élevé à Londres ;
- l'urgence du conseil : un honoraire plus élevé en raison du fait que le conseiller doive travailler dans l'urgence n'est pas, pour cette seule raison, considéré comme une prime de résultat ;
- le volume de la transaction : si un montant significatif est en jeu dans une opération, le fiscaliste pourrait vouloir augmenter son honoraire pour refléter le plus grand niveau d'exposition ;
- la compétence ou la réputation du conseiller : certains conseillers facturent parfois plus que d'autres pour leurs services afin de refléter la supposée meilleure qualité de leurs conseils ;
- la rareté de certaines compétences : certains domaines de la fiscalité sont plus complexes que d'autres et comportent moins de spécialistes, les honoraires facturés peuvent ainsi être plus élevés.

113. L'emploi du raisonnement par hypothèses peut élargir le champ des marqueurs généraux, et remédier au risque de contournement de marqueurs rédigés de manière plus objective. Le raisonnement par hypothèses peut en outre être efficace pour englober des montages spécialement conçus pour une opération et un contribuable donnés (opérations sur mesure).

114. En revanche, les marqueurs généraux utilisés aux États-Unis, au Canada et au Portugal ne reposent pas sur des raisonnements par hypothèses. Ils présentent un plus grand degré de sécurité, puisque l'obligation déclarative découle de la présence d'un accord en matière de confidentialité ou de prime de résultat. La vérification objective de la nature de l'accord conclu entre le conseiller et le client est plus simple à effectuer par le contribuable et le fiscaliste que le raisonnement par hypothèses appliqué au Royaume-Uni et en Irlande. De même, il peut être plus facile pour une administration fiscale d'appliquer un critère objectif que de consacrer éventuellement du temps à décider si des opérations pourraient, ou non, faire l'objet d'une clause de confidentialité.

Options

115. Si la plupart des pays participant à ces travaux se sont prononcés en faveur de marqueurs objectifs, plusieurs pays pensaient que des critères subjectifs avaient leur utilité pour empêcher le contournement des règles relatives à l'obligation déclarative. De ce fait, ces deux approches sont présentées ici sous forme d'options. Toutefois, les administrations fiscales n'auront pas à prendre en considération le fonctionnement de tests hypothétiques ou subjectifs dans le contexte de leur propre système fiscal interne.

Encadré 2.6. Options pour la conception des marqueurs généraux

- Option A : Adopter des marqueurs fondés sur un raisonnement par hypothèses/de nature subjective
- Option B : Adopter des marqueurs objectifs

Option A : Adopter des marqueurs fondés sur un raisonnement par hypothèses/de nature subjective

116. Les pays favorables à l'adoption d'un raisonnement par hypothèses, qui estiment que les avantages en termes de qualité des informations obtenues l'emportent sur les risques liés à un degré de sécurité moindre et à une surcharge administrative, peuvent s'inspirer de l'approche suivie par le Royaume-Uni et l'Irlande. Cela étant, ces pays auront intérêt à examiner comment cette approche pourra s'inscrire dans leur droit interne et dans leur cadre d'application des règles fiscales.

Option B : Adopter des marqueurs de nature objective

117. Cette option conviendra mieux aux pays qui accordent moins d'importance au risque de contournement des règles et donnent la priorité à la sécurité pour les contribuables et à la facilité d'application des règles.

Marqueurs spécifiques

118. Les marqueurs généraux, comme ceux visant la confidentialité ou les produits fiscaux standardisés, peuvent cibler des montages que les fiscalistes dupliquent et vendent à plusieurs contribuables. Ils peuvent fournir des informations sur des opérations type et vendues en masse ainsi que sur les montages plus novateurs. Pour leur part, les marqueurs spécifiques, qui sont le reflet des préoccupations particulières ou ponctuelles d'une administration fiscale, peuvent viser des cas de figure où les risques perçus sont élevés, comme l'utilisation de montages s'appuyant sur des pertes, des contrats de crédit-bail ou la conversion de bénéfices. Les marqueurs spécifiques peuvent aussi être utiles pour maintenir à jour un régime de communication obligatoire d'informations. Certains pays, comme l'Afrique du Sud, jugent les marqueurs spécifiques plus efficaces que les marqueurs généraux pour la collecte d'informations pertinentes. Par conséquent, chaque pays pourra avoir intérêt à définir sa propre combinaison de marqueurs.

119. Dans le cas des marqueurs spécifiques, certaines opérations potentiellement agressives ou abusives sont décrites comme constituant des marqueurs faisant naître l'obligation déclarative. Bien que les marqueurs spécifiques aient vocation à cibler des opérations particulières ou des éléments particuliers d'une opération, leur définition doit être suffisamment large, sans accumulation excessive de détails techniques. Des marqueurs qui seraient définis de manière trop étroite ou technique pourraient donner lieu à une interprétation restrictive de la part des contribuables ou permettre aux contribuables et aux fiscalistes de mettre en place des montages contournant leurs obligations déclaratives. Étant donné que l'action 12 préconise une approche suffisamment souple et que les risques diffèrent selon les pays, ces derniers devront disposer de la plus grande latitude pour définir leurs propres marqueurs spécifiques. Des exemples de marqueurs spécifiques sont décrits ci-après.

Montages s'appuyant sur des pertes (États-Unis, Royaume-Uni, Canada, Irlande, Portugal)

120. Ce marqueur vise différents montages s'appuyant sur la génération de pertes. Ces montages, de nature très différente, ont tous pour objectif de faire enregistrer des pertes à certains participants, voire à l'ensemble d'entre eux, afin de réduire les sommes dues au titre de l'impôt sur les bénéfices des sociétés, de l'impôt sur les plus-values, voire d'entrainer un remboursement d'impôt. À titre d'exemple, le régime canadien relatif aux abris fiscaux[7] s'applique aux achats de biens immobiliers ou aux arrangements de

donations pour lesquels les montants déclarés au cours des quatre premières années comme des pertes, des déductions ou des créances sont égaux ou supérieurs au montant net du bien immobilier acheté ou acquis en vertu de l'arrangement de donation. Différentes versions de marqueurs spécifiques visant les opérations générant des pertes sont également présentes dans les régimes en vigueur au Royaume-Uni, en Irlande et aux États-Unis.

121. Ce genre de marqueur pourrait être associé à un critère de seuil appliqué au montant des pertes. Aux États-Unis, par exemple, l'expression « opération s'appuyant sur des pertes » désigne une opération qui conduit un contribuable à constater une perte comprise entre 50 000 USD et 10 millions USD au cours d'un exercice fiscal donné, en fonction du type de contribuable et d'opération.

Opérations de crédit-bail (Royaume-Uni)

122. Ces marqueurs visent les avantages fiscaux générés par des opérations de crédit-bail portant sur des installations ou des équipements d'un montant élevé. Les contrats de crédit-bail relatifs à des actifs d'une valeur unitaire de 10 millions GBP ou d'une valeur totale d'au moins 25 millions GBP sont ciblés par ce test. Le marqueur s'applique uniquement aux contrats de crédit-bail dont la durée dépasse deux ans et qui remplissent l'une des trois conditions suivantes :1) l'une des parties au contrat n'est pas assujettie à l'impôt sur les sociétés au Royaume-Uni ;2) le contrat protège le bailleur contre la majorité ou la totalité des risques ;3) le contrat prévoit un financement par cession-bail.

Montages en lien avec l'emploi salarié (Irlande)

123. Ce marqueur spécifique cible les montages en lien avec l'emploi salarié pouvant utiliser des fiducies constituées au bénéfice des salariés ou d'autres dispositifs d'épargne salariale qui cherchent à contourner les règles de lutte contre l'évasion fiscale.

Montages s'appuyant sur la conversion de bénéfices (Irlande, Portugal)

124. Ce marqueur vise les montages permettant de convertir des bénéfices en capital ou en cadeaux pour éviter l'application d'un taux plus élevé de l'impôt sur les sociétés et obtenir l'application d'un taux moindre, voire une exonération d'impôt, comme dans le cas de l'Irlande.

125. Au Portugal, ce marqueur recouvre les contrats d'assurance ou les opérations financières pouvant donner lieu à une requalification de bénéfices ou à un changement de bénéficiaire, et cible particulièrement les opérations de crédit-bail, les opérations portant sur des instruments hybrides, des produits dérivés ou des contrats sur des instruments financiers. Cette approche rejoint en partie le marqueur britannique (opérations de crédit-bail) dans la mesure où les contrats de crédit-bail sont ciblés.

Montages s'appuyant sur des entités établies dans des pays à faible fiscalité (Portugal)

126. Ce marqueur concerne les montages s'appuyant sur des entités établies dans des pays à faible fiscalité, ce qui inclut les paradis fiscaux répertoriés, les juridictions n'appliquant pas d'impôt sur les bénéfices ou pratiquant un taux inférieur à 60 % du taux normal en vigueur, ainsi que les montages faisant intervenir une entité qui bénéficie d'une exonération totale ou partielle.

Dispositifs fondés sur des instruments hybrides (Afrique du Sud)

127. Ce marqueur englobe tous les dispositifs qui auraient été qualifiés d'« instruments hybrides de capitaux propres » au sens du droit fiscal applicable. Il s'agit avant tout d'opérations portant sur des actions privilégiées remboursables et sur des actions normales, lorsque ces actions sont assorties de droits différents de ceux normalement attachés aux actions ordinaires. Ce marqueur couvre également tous les dispositifs qui auraient été qualifiés d'« instruments hybrides de dette » au sens du droit fiscal applicable si la durée applicable à cet égard selon les textes avait été de dix ans, ce qui doit permettre de cibler les arrangements de prêt/financements obligataires (en excluant les titres de dette cotés).

Opérations associées à une forte différence de valeur aux fins comptables et fiscales (États-Unis)

128. Le régime américain englobait précédemment les opérations marquées par une différence de plus de 10 millions USD entre la valeur enregistrée aux fins comptables et celle enregistrée aux fins fiscales (écart entre la comptabilité « financière » et « fiscale »). L'Internal Revenue Service et le Département du Trésor américain ont par la suite estimé qu'il n'était plus nécessaire de soumettre ce type d'opération à une déclaration. En effet, depuis la mise en place de l'annexe M-3 à la déclaration de l'impôt sur les bénéfices, intitulée « Retraitements du résultat net – Sociétés dont l'actif total est supérieur ou égal à 10 millions USD[8] », l'administration fiscale dispose d'informations détaillées sur les opérations associées à une forte différence de valeur aux fins comptables et fiscales.

Opérations répertoriées (États-Unis)

129. Les États-Unis soumettent à une obligation déclarative les « opérations répertoriées », conformément aux règles relatives à l'obligation déclarative. Une opération répertoriée est une opération identique ou pour l'essentiel similaire à celle dont l'IRS a jugé qu'elles visaient à échapper à l'impôt et qui font à ce titre l'objet d'un avis ou d'une autre notice explicative publiée par l'administration fiscale américaine.

Opérations dignes d'attention (États-Unis)

130. Aux États-Unis, toute « opération digne d'attention » est soumise à une obligation déclarative conformément aux règles relatives à l'obligation déclarative. Une opération digne d'attention est une opération dont l'Internal Revenue Service et le Département du Trésor américain estiment qu'elle est susceptible de permettre d'échapper à l'impôt, sans toutefois disposer des informations suffisantes pour établir si elle devrait être considérée comme une opération ayant pour objet l'évasion fiscale.

Marqueur type visant les montages s'appuyant sur des pertes

131. Les pertes soulèvent fréquemment des préoccupations ; les montages s'appuyant sur les pertes peuvent différer considérablement dans les détails, mais ils sont le plus souvent conçus pour faire en sorte que des particuliers ou des sociétés qui seraient de grands contribuables enregistrent, lors de certaines opérations, des pertes venant réduire leur dette fiscale au titre de l'impôt sur le revenu ou les bénéfices (y compris sur les gains en capital). Compte tenu de l'éventail des montages s'appuyant sur des pertes et de la grande latitude dont les pays devront bénéficier pour l'élaboration des marqueurs spécifiques, la définition de principes communs semble ici moins utile. Cela étant, l'encadré ci-dessous expose certains principes, ainsi qu'un aperçu des dispositions législatives en vigueur.

Encadré 2.7. Marqueurs visant les montages fondés sur les pertes

- L'expression « opération fondée sur les pertes » désigne une opération à l'issue de laquelle un contribuable enregistre une perte, lorsque le montant de celle-ci dépasse un certain montant, fixé en fonction du type de contribuable (**législation américaine**).
- Une opération est dite fondée sur les pertes lorsque a) le fiscaliste prévoit que plusieurs personnes effectueront la même opération, ou des opérations pour l'essentiel identiques ; et b) l'opération donne raisonnablement à penser que l'avantage principal obtenu est la comptabilisation de pertes et que les personnes concernées utiliseront sans doute ces pertes pour réduire leur dette fiscale au titre de l'impôt sur le revenu ou les bénéfices (**législation britannique** – marqueur destiné à cibler les montages habituellement utilisés par les particuliers fortunés).
- Une opération est fondée sur les pertes si l'une des parties au montage est une société qui constate en fin d'exercice comptable des pertes non compensées et qu'il peut être raisonnablement estimé a) que le principal avantage du montage réside dans le transfert de ces pertes par la société vers une autre partie susceptible de les utiliser pour réduire le montant dû au titre de l'impôt sur les bénéfices, oub) que la société pourrait accélérer l'utilisation de ces pertes dans le même but d'allègement de l'impôt sur les bénéfices (**législation irlandaise** – le marqueur est étendu pour englober les pertes enregistrées par les sociétés).
- Si l'on exclut le cas des États-Unis, qui s'attachent uniquement au montant des pertes, les principes communs semblent être le fait qu'une personne encoure ou subisse une perte et que celle-ci :
  - est transférée vers une autre personne qui la déduira d'autres produits pour réduire sa propre dette fiscale ;
  - est accélérée pour réduire la dette fiscale d'une personne ; ou
  - se rapporte à un montage ou à une opération conçu par un fiscaliste et utilisé par plusieurs personnes pour acquitter moins d'impôt sur leurs revenus.

Recommandations relatives aux marqueurs

132. L'utilisation de marqueurs généraux peut accroître la quantité d'opérations soumises à déclaration, et, potentiellement, augmenter les coûts pour les contribuables. Cependant, comme indiqué plus haut, ils constituent un outil efficace pour cibler les montages novateurs susceptibles d'échapper aux marqueurs spécifiques. Les marqueurs généraux comme ceux portant sur la prime de résultat, la confidentialité et la protection contractuelle sont donc des outils déterminants pour une détection précoce des nouveaux montages par les administrations fiscales et la mise en place d'une réponse rapide. Le fait de soumettre de telles opérations à une obligation déclarative peut, de plus, réduire leur nombre sur le marché.

133. L'utilisation de marqueurs spécifiques ou d'une approche par opérations répertoriées permet de cibler des facteurs de risque répandus ou bien recensés. Ils semblent en outre offrir une plus grande latitude aux autorités fiscales qui doivent trouver un équilibre entre les coûts et moyens mis en œuvre par l'administration fiscale, d'une part, et la charge déclarative supportée par les fiscalistes et les contribuables, d'autre part. Certains pays, comme l'Afrique du Sud, jugent les marqueurs spécifiques plus efficaces que les marqueurs généraux pour la collecte d'informations pertinentes. Par conséquent, chaque pays pourra avoir intérêt à définir sa propre combinaison de marqueurs.

134. Les marqueurs spécifiques peuvent aussi être utiles pour maintenir à jour un régime de communication obligatoire d'informations et pour identifier des montages visant à échapper à des impôts de second rang. Comme le montrent les marqueurs spécifiques appliqués à ce jour, en dépit de certains chevauchements, ces marqueurs ciblent le plus souvent les principaux domaines de risque dans une juridiction donnée.

Recommandations

135. Les pays qui adoptent un régime de communication obligatoire d'informations choisissent entre une approche en une seule ou en plusieurs étapes. Cela étant, il est recommandé d'associer, dans un régime de communication obligatoire d'informations, des marqueurs spécifiques et généraux, en incluant parmi les premiers l'existence d'une clause de confidentialité et le versement d'une prime de résultat ou d'un bonus. En complément, les pays pourront retenir d'autres marqueurs génériques, comme celui relatif aux produits fiscaux standardisés.

136. Les pays peuvent retenir un raisonnement par hypothèses ou adopter des tests de nature exclusivement factuelle et objective. Les marqueurs spécifiques ont vocation à cibler des risques et des problèmes propres aux différents pays. Il conviendrait de laisser à chaque pays le soin de concevoir et de choisir ses marqueurs spécifiques, en tenant compte de ses priorités en matière de politique fiscale et de procédures de recouvrement. Les pays peuvent, à leur discrétion, associer aux marqueurs spécifiques des seuils de montant minimum afin de limiter le nombre de déclarations reçues.

137. Il est enfin recommandé de prévoir que, dès lors qu'une opération ou un montage présente l'un des marqueurs, l'obligation déclarative s'applique.

Calendrier de communication des informations

138. Le calendrier de communication des informations concernant les montages fiscaux diffère selon les pays car il dépend du fait générateur retenu et des délais de déclaration accordés par chaque régime. Ce délai peut se décliner en jours, en mois, voire plus.

139. Si un régime de communication obligatoire d'informations a pour principaux objectifs de fournir, à un stade précoce, des informations sur les montages visant à échapper à l'impôt et leurs utilisateurs et d'avoir un effet dissuasif sur l'utilisation de ces montages, alors le délai accordé pour s'acquitter de l'obligation déclarative est un facteur fondamental pour y parvenir, car plus l'administration reçoit rapidement les informations pertinentes, plus vite elle peut agir. Cette stratégie pour accroître les effets dissuasifs en réduisant le temps disponible pour exploiter l'avantage fiscal éventuel, ce qui agit sur la logique économique de la transaction.

140. Plusieurs questions doivent être examinées lorsqu'on établit le calendrier de communication des informations, et les réponses correspondantes détermineront si les informations sont communiquées en temps utile et pourraient ainsi influer sur la capacité d'un régime déclaratif à atteindre certains de ses objectifs. Ces questions sont les suivantes :

- À quel moment l'obligation déclarative débute-t-elle ou, en d'autres termes, quel est l'événement ou le fait déclencheur ?
- Après la survenue de cet événement, dans quel délai des informations doivent-elles être communiquées ?
- Des calendriers différents devraient-ils s'appliquer aux fiscalistes et aux contribuables ?

Calendriers possibles pour la communication d'informations par le fiscaliste

Encadré 2.8. **Calendriers possibles pour la communication d'informations par le fiscaliste**

- Option A : Calendrier lié à la disponibilité d'un montage
- Option B : Calendrier lié à la mise en œuvre

Calendrier lié à la disponibilité d'un montage

141. Le premier événement susceptible de déclencher une obligation déclarative est la date à laquelle un fiscaliste met un montage à la disposition des utilisateurs. Le montage sera alors suffisamment élaboré pour être commercialisé, et toutes les informations nécessaires sur son fonctionnement doivent être disponibles pour que ce montage puisse être proposé et vendu. Selon la législation du Royaume-Uni, un montage est considéré comme « disponible pour mise en œuvre » au moment où tous les éléments nécessaires à sa mise en œuvre sont en place et lorsque le client est informé qu'il peut envisager de conclure des opérations qui se rattachent à ce montage ; peu importe que tous les détails sur ce montage soient ou non communiqués à ce moment-là. L'annexe A contient des précisions supplémentaires sur le mode opératoire au Royaume-Uni.

142. Les régimes déclaratifs mis en place au Royaume-Uni, en Irlande et au Portugal utilisent tous cet événement déclencheur. Toutefois, les délais dans lesquels les déclarations doivent alors être faites diffèrent entre ces trois pays. Au Royaume-Uni et en Irlande, un fiscaliste doit signaler un montage dans les cinq jours ouvrés à compter du moment où il l'a mis à disposition pour exécution par une autre personne. Aussi, l'événement déclencheur ainsi que la période de déclaration visent à garantir une communication rapide d'informations, qui peut intervenir avant que l'utilisateur ait mis en œuvre le montage. Cela optimise la capacité de l'administration fiscale à évaluer à un stade précoce les risques induits par le montage et, si nécessaire, à prendre les mesures législatives requises pour combler les failles avant que d'importantes recettes fiscales ne soient perdues.

143. Le Portugal applique le même événement déclencheur, mais le calendrier de déclaration est légèrement plus long car les fiscalistes impliqués dans une opération d'optimisation fiscale doivent signaler le montage en question dans les 20 jours à compter de la fin du mois durant lequel ce montage a été mis à disposition. Là encore, ce délai garantit des déclarations relativement rapides, mais l'administration fiscale a moins de chances d'être informée de l'existence du montage avant que celui-ci soit déployé, ce qui peut avoir des répercussions en termes de manque à gagner fiscal.

144. Aux États-Unis, la période déclarative n'est pas directement liée au moment auquel le montage est mis à la disposition des utilisateurs, mais l'obligation déclarative se déclenche lorsqu'un conseiller devient un « conseiller important ». Cette expression désigne toute personne qui fournit une aide, une assistance ou des conseils substantiels concernant l'organisation, la promotion ou l'exécution d'une opération devant faire l'objet d'une déclaration et qui perçoit ou devrait percevoir, directement ou indirectement, un revenu brut supérieur au seuil de 50 000 ou 250 000 USD (ramené à 10 000 et 25 000 USD pour les opérations répertoriées), en fonction du type de contribuable et de transaction soumise à déclaration. Une personne devient un conseiller de référence lorsque tous les événements suivants surviennent

sans un ordre particulier :1) la personne a fourni une aide, une assistance ou des conseils substantiels concernant une transaction qui fait l'objet d'une obligation déclarative;2) la personne perçoit directement ou indirectement une rémunération brute supérieure au seuil;3) le contribuable a effectué une opération qui fait l'objet d'une obligation déclarative; et4) dans le cas d'une opération répertoriée ou une transaction d'intérêt, les instructions sont publiées en identifiant la transaction comme telle. Là encore, il existe un lien avec les actions du conseiller de référence et une référence aux activités qui ont pour effet de rendre le montage disponible ou de permettre sa mise en œuvre. Toutefois, le calendrier de déclaration aux États-Unis est différent en ce sens qu'un conseiller important est tenu de déposer une déclaration auprès de l'IRS OTSA avant le dernier jour du mois qui suit la fin du trimestre civil durant lequel il a acquis le statut de conseiller important au regard de l'opération à déclarer. Cela peut entrainer un délai plus long, surtout comparé au Royaume-Uni et à l'Irlande.

Calendrier lié à la mise en œuvre

145. Un régime déclaratif peut aussi lier l'obligation déclarative à la date à laquelle un montage est mis en œuvre par ses utilisateurs. À ce stade, les risques de pertes fiscales effectives sont plus élevés, mais la marge de manœuvre pour influer sur le comportement des contribuables est elle aussi plus étroite, ce qui accroît le montant de la perte globale potentielle de recettes.

146. Dans le régime sud-africain, un dispositif devant faire l'objet d'une déclaration doit être signalé dans les 45 jours à compter de la date à laquelle un montant est perçu ou dû pour la première fois à un contribuable, ou est payé ou dû par un contribuable aux termes de ce dispositif. Aussi, l'obligation déclarative se déclenche lorsqu'il y a réception ou versement d'argent au titre d'une opération faisant partie d'un dispositif soumis à déclaration; c'est ce qui montre que le dispositif a bien été mis en œuvre.

147. Au Canada, une opération soumise à déclaration doit être signalée avant le 30 juin de l'année civile après laquelle cette opération est devenue soumise à l'obligation déclarative. Une telle opération désigne une opération tendant à échapper à l'impôt qui comporte au moins deux des marqueurs prévus par le régime canadien. Aussi, le délai de déclaration se déclenche lorsque la transaction entre dans le champ de l'obligation déclarative. Lorsque cela se produit, l'opération a déjà été mise en œuvre. Associé à la longueur de ce délai, cet événement déclencheur a pour effet que les informations sont reçues beaucoup plus tard que dans les régimes du Royaume-Uni, de l'Irlande et du Portugal. Cela aura des conséquences inévitables sur la rapidité avec laquelle l'administration fiscale réagira, entrainant des pertes de recettes plus importantes et un effet dissuasif moindre.

Calendriers possibles pour la communication d'informations par l'utilisateur

148. Comme l'explique ce chapitre, les régimes existants de communication obligatoire d'informations obligent à la fois le fiscaliste et le contribuable à communiquer des informations (Canada et États-Unis), ou font supporter cette charge au premier chef au fiscaliste, le contribuable n'étant tenu de communiquer des informations qu'en l'absence de fiscaliste ou s'il est peu probable que ce dernier communique les informations, par exemple parce qu'il est établi à l'étranger (Afrique du Sud, Irlande, Portugal et Royaume-Uni).

149. Les mêmes principes semblent s'appliquer au délai de communication d'informations par un contribuable et par un fiscaliste, à savoir : plus la communication intervient rapidement, plus les chances que le régime atteigne ses objectifs seront grandes. Néanmoins, cela est surtout vrai si le fiscaliste ne transmet aucune information et si le contribuable est le seul à le faire.

150. Aux États-Unis, le contribuable signale sa participation à un montage objet d'une déclaration dans le cadre du dépôt de sa déclaration d'impôt et auprès de l'IRS OTSA (à qui le conseiller de référence doit aussi avoir envoyé une déclaration) la première fois qu'il mentionne l'opération dans sa déclaration d'impôt. Selon l'expérience des États-Unis, la déclaration d'un contribuable qui n'est pas liée à la période à laquelle la déclaration de revenus est prévue est souvent négligée par inadvertance ou omise[9]. Au Canada, l'obligation déclarative est identique pour les contribuables et pour les fiscalistes. Dans les deux cas, l'obligation naît une fois qu'un montage a été mis en œuvre, et le calendrier de déclaration est tel qu'il peut s'écouler un temps considérable entre cette mise en œuvre et la communication ultérieure d'informations.

151. L'Afrique du Sud, l'Irlande, le Portugal et le Royaume-Uni exigent du contribuable qu'il communique des informations uniquement dans des circonstances relativement limitées. Mais lorsque le contribuable est tenu de faire connaître le montage, c'est le seul signalement qui sera fait, contrairement à la situation aux États-Unis et au Canada. Le Royaume-Uni, l'Irlande et le Portugal modifient à la fois l'événement déclencheur et la période durant laquelle la communication doit intervenir dès lors qu'elle incombe au contribuable. Par exemple, pour les montages « internes », les régimes du Royaume-Uni et de l'Irlande exigent d'un contribuable qu'il communique les informations dans les 30 jours à compter de la date de la première transaction conclue par l'utilisateur. Aussi, la période de déclaration est déclenchée par la mise en œuvre, et le contribuable dispose d'un délai légèrement plus long pour s'acquitter de son obligation déclarative. Des modifications analogues s'appliquent au Portugal, où les utilisateurs sont tenus de signaler un montage avant la fin du mois suivant le mois de mise en œuvre. La définition du terme « mise en œuvre » doit indiquer le moment à partir duquel il est clair qu'une transaction aura lieu, ce qui est un gage de certitude mais empêche aussi que les contribuables reportent artificiellement leur signalement.

152. Si le signalement échoit uniquement au contribuable/à l'utilisateur, il semble judicieux d'associer l'obligation déclarative à la mise en œuvre, car il est difficile de déterminer un autre moment ou événement qui constitue un fait générateur objectif de l'obligation. Il serait possible d'utiliser un fait déclencheur plus subjectif, comme le moment auquel le contribuable a décidé de s'engager dans l'opération. Cela pourrait conduire à un signalement plus précoce que si le critère retenu est celui de la mise en œuvre, mais l'incertitude pour le contribuable serait plus grande et l'administration plus compliquée.

153. Le régime sud-africain applique les mêmes délais au contribuable et au fiscaliste : le contribuable doit signaler tout dispositif soumis à l'obligation déclarative dans les 45 jours à compter de la date à laquelle un montant est perçu ou exigible pour la première fois par un contribuable, ou est payé ou effectivement dû par un contribuable.

154. Bien que le délai de signalement imparti au contribuable en Irlande, au Portugal et au Royaume-Uni soit plus long que celui prévu pour le fiscaliste, il reste suffisamment court pour imposer un signalement précoce et ainsi permettre à l'administration fiscale de réagir plus rapidement.

Autres aspects à prendre en compte

155. On pourrait prétendre qu'un signalement précoce est moins nécessaire si un État est incapable de réagir rapidement afin de modifier sa législation, et il convient de tenir compte des contraintes administratives qui pèsent sur chacune des administrations fiscales. Cet aspect est certes important, mais il existe bien des moyens par lesquels les pouvoirs publics et les administrations fiscales peuvent influer sur le comportement des contribuables, par exemple

en publiant un avis sur un montage ou une transaction qu'ils estiment abusifs. En outre, plus le délai est grand entre le moment où un montage est commercialisé et date à laquelle il est effectivement déclaré, plus les utilisateurs seront nombreux. Par conséquent, l'administration fiscale devra contester davantage de cas, ce qui risque d'absorber des ressources et, si le montage aboutit, entrainera des pertes de recettes fiscales plus importantes. Aussi, les pays associés à ces travaux ont reconnu que le calendrier de communication d'informations devait être aussi efficient que possible, dans le contexte de leur législation nationale.

Recommandations

156. Lorsque l'obligation déclarative incombe aux fiscalistes, il est recommandé de se baser sur la date de mise à disposition du montage aux contribuables et d'adopter un calendrier de communication visant à optimiser les chances des services fiscaux d'intervenir rapidement et d'agir sur le comportement des contribuables. Cela passe par la fixation d'un délai de signalement court une fois que le montage est disponible.

157. Cependant, lorsque l'obligation déclarative revient au contribuable, il est recommandé de retenir comme élément déclencheur l'utilisation du montage, plutôt que la mise en place de celui-ci. Si en outre le contribuable est le seul soumis à l'obligation déclarative (parce qu'il n'existe pas de fiscaliste ou que le fiscaliste est établi à l'étranger), le délai de déclaration doit être court afin d'accroître la capacité de l'administration fiscale d'agir rapidement contre le montage.

Autres obligations qui devraient incomber aux fiscalistes ou aux utilisateurs

Processus d'identification des utilisateurs du montage

158. L'identification des utilisateurs du montage constitue un volet essentiel de tout régime de communication obligatoire d'informations, et les régimes existants le font de deux manières :1) en utilisant des numéros de référence des montages qui leur permettent de déterminer les utilisateurs d'un montage spécifique ; ou2) au lieu (ou en plus) d'utiliser un numéro de référence, en imposant au fiscaliste l'obligation de communiquer une liste de ses clients qui ont utilisé un montage ayant fait l'objet d'une déclaration [10].

159. Lorsqu'un numéro de référence de montage est employé, le processus suit en général trois étapes :

- L'autorité fiscale délivre un numéro de référence du montage au fiscaliste ou aux utilisateurs (selon le cas).
- Le fiscaliste communique ce numéro à l'utilisateur.
- Les utilisateurs transmettent les numéros de référence du montage à l'autorité fiscale lorsque les utilisateurs soumettent leurs déclarations d'impôt.

Ces trois étapes sont décrites un peu plus en détail ci-dessous.

160. Le numéro de référence est délivré par l'autorité fiscale au moment où le montage est déclaré et est remis à la personne à l'origine de la déclaration. Lorsque le numéro de référence du montage est délivré à un fiscaliste, il doit le communiquer à l'utilisateur du montage dans un certain délai (30 jours au Royaume-Uni et 60 jours aux États-Unis). Si l'utilisateur est la personne tenue de déclarer le montage, l'autorité fiscale lui attribuera directement un numéro de référence correspondant.

161. L'utilisateur doit alors faire figurer ce numéro de référence sur sa déclaration d'impôt. Au Royaume-Uni par exemple, le numéro doit être porté sur la déclaration qui concerne l'année d'imposition, l'exercice fiscal, la période comptable ou de rémunération (selon le cas) durant laquelle l'utilisateur s'engage pour la première fois dans une opération qui fait partie du montage. L'utilisateur doit continuer d'indiquer le numéro de référence chaque année jusqu'à ce que l'avantage fiscal cesse d'exister.

162. L'attribution d'un numéro de référence de montage ne signifie pas que l'autorité fiscale accepte l'effet du montage communiqué ou considère que toutes les informations requises ont été fournies. Les États-Unis et le Royaume-Uni sont très clairs à cet égard. Les instructions émises par les États-Unis précisent que la réception d'un numéro d'opération soumise à déclaration ne signifie pas que l'IRS a analysé, examiné ou approuvé l'opération. Les orientations établies par le Royaume-Uni indiquent également que l'attribution ou la notification d'un numéro de référence de montage ne signifie pas que l'administration fiscale britannique accepte le fait que ce schéma procure, ou est en mesure de procurer, un avantage fiscal présumé, pas plus qu'elle ne vaut approbation du caractère exhaustif des informations communiquées.

Encadré 2.9. **Options permettant d'identifier les utilisateurs des montages**

- Option A : Au moyen d'un numéro de montage et d'une liste de clients
- Option B : Au moyen d'une liste de clients uniquement

Option A : Au moyen d'un numéro de montage et d'une liste de clients

163. Les États-Unis, le Royaume-Uni et le Canada utilisent un numéro de référence de montage en tant qu'identifiant unique pour différents montages[11]. Les fiscalistes ou conseillers de référence reçoivent un numéro correspondant au montage ou à l'opération objet de la déclaration, qu'ils transmettent alors aux contribuables qui ont mis en œuvre le montage. Les contribuables doivent faire figurer ce numéro sur la déclaration d'impôts dans laquelle la transaction est déclarée. En outre, le Royaume-Uni demande aux fiscalistes de remettre une liste trimestrielle de leurs clients à l'autorité fiscale, tandis qu'aux États-Unis, le conseiller de référence doit tenir une liste de ses clients et la communiquer (accompagnée de tous les documents nécessaires pour déterminer le traitement fiscal de l'opération) à l'IRS dans les 20 jours ouvrés suivant la date de la demande écrite de l'IRS.

164. Le Canada a mis en place un régime d'abri fiscal pour la première fois en 1989, couvrant un nombre relativement limité d'opérations soumises à déclaration. Dans ce régime, un fiscaliste est tenu de se procurer un numéro d'inscription de l'abri fiscal, de communiquer ce numéro aux participants et de fournir la liste des utilisateurs du montage. Ce numéro d'inscription permet aux autorités fiscales de suivre le dispositif et les contribuables qui y participent. En outre, le Canada a mis en place un nouveau régime RTAT qui étend l'obligation déclarative à des montages qui n'étaient pas couverts par le régime d'abri fiscal. Toutefois, le numéro de référence du montage s'applique uniquement aux abris fiscaux entrant dans le champ du régime correspondant, et pas aux opérations à déclarer en vertu du régime RTAT.

165. L'utilisation combinée d'un numéro de référence de montage et d'une liste de clients peut permettre à une autorité fiscale de déterminer plus aisément dans quelle mesure le montage a été utilisé et garantir que toutes les informations requises sont bien divulguées.

Les numéros de référence peuvent également permettre à une autorité fiscale de mesurer l'appétence d'un contribuable donné pour certains types d'opérations, car elle peut repérer rapidement et facilement les montages auxquels le contribuable participe. Les informations ainsi recueillies viennent ensuite informer le processus d'évaluation des risques entourant ce contribuable. Néanmoins, l'utilisation d'un numéro de référence de montage peut induire des coûts de démarrage et de conformité plus élevés.

Option B : Au moyen d'une liste de clients uniquement

166. Les listes de clients offrent un autre moyen d'identifier les utilisateurs dans les pays qui ne sont pas dotés d'un système de numéros de référence de montage. Le fiscaliste doit remettre à l'administration fiscale une liste de clients qui ont utilisé un montage. Les délais de communication varient. Sous l'ancien régime irlandais, la liste devait être remise dans les 30 jours à compter du moment où le fiscaliste a connaissance de la réalisation d'une opération soumise à déclaration sans avoir attribué de numéro de montage à l'opération. Cependant, l'Irlande a instauré un système de numéros de référence de montage en 2014 et a aujourd'hui un système similaire à celui du Royaume-Uni [12]. Pour sa part, le Royaume-Uni demande au fiscaliste de remettre les listes tous les trimestres [13].

167. Une variante de cette approche consiste à demander au fiscaliste de tenir des listes qui identifient chacune des personnes à qui il a remis un numéro de référence de montage, le fiscaliste étant tenu de remettre ces listes sur demande à l'administration fiscale. Par exemple, aux États-Unis, la liste des clients doit être communiquée à l'IRS dans les 20 jours ouvrés à compter de la date de la demande écrite en ce sens formulée par l'IRS.

Autres aspects à prendre en compte

168. Comme on l'a vu, l'identification des utilisateurs est un volet essentiel d'un régime de communication obligatoire d'informations. Elle permet à une administration fiscale d'améliorer l'évaluation des risques et le ciblage des demandes de renseignements, ainsi que de mieux quantifier le montant d'une perte de recettes éventuelle. Tous les détails du montage sont enregistrés en fonction de ce numéro de référence, ce qui facilite leur extraction ultérieure si nécessaire. Lorsqu'un utilisateur est tenu de communiquer l'information directement aux services fiscaux, comme aux États-Unis, il est moins nécessaire d'imposer une exigence supplémentaire, comme un numéro de référence de montage, afin d'identifier l'utilisateur, mais la collecte de renseignements provenant de plusieurs sources (même si cela mobilise plus de moyens) permet aussi d'effectuer une double vérification et de faire plus aisément le lien entre le fiscaliste et les participants à l'opération. Exiger du fiscaliste la communication d'une liste peut également permettre de repérer d'autres contribuables qui ont participé à un montage sans l'avoir déclaré.

169. Lorsque toutefois l'obligation déclarative incombe en premier lieu au fiscaliste, d'autres mécanismes doivent être mis en place pour pouvoir identifier les utilisateurs du montage. Les pays peuvent être amenés à effectuer une analyse de données sur la base des déclarations d'impôts en vue de repérer les utilisateurs du montage s'ils ne disposent pas de renseignements détaillés sur eux grâce aux numéros de référence ou aux listes de clients. En outre, dans ce deuxième cas de figure, le fait pour l'utilisateur de savoir qu'il sera identifié, soit par une liste, soit plus directement par la mention d'un numéro sur sa déclaration d'impôt, peut le dissuader de s'engager dans un montage fiscal. En conclusion, il existe une obligation de double déclaration dans certains cas de figure, alors que dans d'autres, seul le fiscaliste est tenu de déclarer. Dans ce second cas, la nécessité d'attribuer des numéros de référence et de tenir des listes de clients paraît s'imposer davantage.

170. Au départ, l'utilisation d'un numéro de référence peut accroître les coûts pour l'administration fiscale et la charge de conformité pour le fiscaliste. Toutefois, une fois le processus enclenché, il est probable que les coûts permanents seront faibles. En contrepartie, l'administration fiscale se procure non seulement des renseignements sur les utilisateurs d'un montage donné, mais peut aussi se faire une idée du risque représenté par tel ou tel contribuable. L'utilisation de numéros de référence peut aussi améliorer les processus administratifs. En Afrique du Sud, par exemple, un numéro de référence de montage est délivré à titre de contrôle afin d'indiquer la date et la chronologie de la déclaration. En outre, l'effet dissuasif peut être décuplé si un contribuable est personnellement tenu d'indiquer un numéro de référence de montage sur sa déclaration, et le même effet est évidemment obtenu en obligeant le contribuable à signaler directement le montage.

171. Les listes de clients sont généralement reçues avant la déclaration d'impôt, et fournissent donc des informations sur la participation à un montage d'évasion fiscale beaucoup plus tôt que les seuls numéros de référence. Cela permet de mettre en place des plans de mise en conformité avant la réception des déclarations d'impôt, parfois un an à l'avance. Cela permet également à l'administration d'intervenir rapidement, en contactant les contribuables qui figurent sur les listes pour leur demander de se pas se prévaloir des effets du montage sur leur déclaration. Ces avantages sont décuplés si les listes de clients sont transmises automatiquement et dans les meilleurs délais à l'administration. Toutefois, la législation interne de tous les pays ne prévoit pas toujours cette automaticité, de sorte qu'une certaine souplesse est de mise.

Recommandations

172. Lorsqu'un pays fait supporter en premier lieu au fiscaliste la charge de déclaration, il est recommandé qu'il mette en place des numéros de référence de montage et demande l'établissement de listes de clients pour pouvoir identifier parfaitement tous les utilisateurs d'un montage et évaluer les risques posés par les différents contribuables. Dans ce contexte, il est recommandé que, dans la mesure où la législation interne l'autorise, les listes de clients soient communiquées automatiquement à l'administration fiscale.

173. Lorsqu'un pays introduit une obligation de double déclaration (par le fiscaliste et par le contribuable), l'utilisation de numéros de référence et de listes de clients paraît moins essentielle, encore qu'ils facilitent les vérifications croisées et permettent à l'administration fiscale de quantifier le risque et la perte de recettes liés à un montage spécifique.

Conséquences en cas de respect de l'obligation déclarative ou de manquement à celle-ci

Conséquences du respect

Attente légitime

174. La communication d'une opération soumise à déclaration permet à une administration fiscale d'identifier une opération susceptible de l'intéresser, ainsi que le contribuable qui cherche à obtenir un avantage fiscal grâce à cette opération. Généralement, le fait qu'une opération entre dans le champ d'une obligation déclarative ne signifie pas nécessairement qu'elle ait pour finalité d'échapper à l'impôt. Réciproquement, la communication d'informations aux services fiscaux ne signifie pas que celle-ci valide l'opération ou son traitement fiscal.

175. Plusieurs pays ont exprimé des réserves concernant les « attentes légitimes » dans le contexte d'un régime de communication obligatoire d'informations. Ils craignent qu'avec la

mise en place d'une obligation de communication d'informations, les contribuables soient amenés à penser que le fait de transmettre les informations aux autorités fiscales vaut validation implicite de la validité du montage, sauf réponse contraire des autorités. Si cette attente légitime devait survenir, elle pourrait compromettre la capacité de l'administration fiscale à réprimer un montage, et l'obligation de répondre à toutes les déclarations reçues générerait dans les faits un mécanisme d'approbation de ces opérations. Cela sera contraire aux pratiques existantes de nombreux pays qui excluent explicitement les opérations d'évasion fiscale de leur processus d'approbation ou de décision administrative.

176. Pour éviter le phénomène d'attentes légitimes, les autorités fiscales doivent préciser que le signalement des opérations soumises à déclaration ne préjuge en rien de la validité de ces opérations, et qu'il n'y a pas de lien automatique avec l'obtention d'une décision administrative relative à la validité de l'opération ou avec l'application de règles de lutte contre l'évasion. Certains régimes en place le font déjà, et le Royaume-Uni, les États-Unis, l'Irlande et le Canada indiquent clairement que le simple fait de déclarer un montage ne vaut pas admission d'un avantage fiscal. De même, il est précisé que le signalement d'un dispositif fiscal est sans effet sur la situation fiscale d'une personne qui se prévaut de ce dispositif.

177. Le régime portugais s'inscrit dans un système de droit civil, mais comme les régimes en vigueur au Royaume-Uni, aux États-Unis, en Irlande et en Afrique du Sud, le signalement du montage est sans conséquence sur son traitement, et l'absence de réponse de l'administration fiscale ne donne lieu à aucune attente légitime, de la part du contribuable, concernant la validité ou l'acceptation du montage.

178. Il est donc recommandé, lors de la mise en place d'un régime de communication obligatoire d'informations, que la législation et les instructions d'application suivent l'approche adoptée par les régimes existants, et précisent que le signalement d'une opération n'implique pas son acceptation ou l'acceptation de l'avantage fiscal recherché par une personne.

Question de l'auto-incrimination

179. Les informations qu'un contribuable est tenu de fournir en vertu d'un régime de communication obligatoire d'informations ne vont généralement pas au-delà de celles que l'administration fiscale pourrait demander dans le cadre d'une enquête ou d'une vérification d'une déclaration d'impôt. Par conséquent, les opérations d'évasion ou de planification fiscale potentielles déclarées dans le cadre des régimes existants ne devraient pas susciter plus d'inquiétudes quant au risque d'auto-incrimination qu'avec l'exercice d'autres pouvoirs de collecte d'informations. En outre, les opérations ciblées par un régime de communication ne sont généralement pas celles qui mettent en cause la responsabilité pénale. Dans les pays qui engagent la responsabilité pénale des contribuables qui se livrent à certaines opérations d'évasion fiscale, il est parfois possible d'exclure tout simplement ces opérations du champ d'application du régime sans restreindre significativement sa portée. En outre, le problème d'auto-incrimination ne devrait pas se poser si l'obligation de déclaration incombe au fiscaliste plutôt qu'au contribuable sauf dans les circonstances limitées où un fiscaliste pourrait être tenu criminellement responsable pour avoir fait la promotion d'un montage fiscal ou de l'avoir facilité. L'annexe B contient des précisions supplémentaires sur la compatibilité entre l'auto-incrimination et la communication obligatoire d'informations.

Conséquences en cas de manquement

180. Pour que les régimes de communication obligatoire d'informations soient efficaces, il faut que les contribuables et leurs conseillers se conforment pleinement à l'obligation déclarative. Plusieurs mesures permettent d'en améliorer le respect; premièrement, des règles clairement définies et parfaitement comprises seront plus simples à observer; deuxièmement, les régimes de communication obligatoire d'informations doivent prévoir des sanctions manifestes afin d'encourager la diffusion d'informations et de réprimer ceux qui enfreignent leurs obligations. La sanction habituelle en cas de non-diffusion d'informations est l'imposition de pénalités, dont la composition et le montant diffèrent d'un pays à l'autre en fonction du type de contribuable (entreprise ou particulier) et de la nature de l'opération en cause.

181. La question de savoir si les sanctions doivent être pécuniaires, non pécuniaires ou les deux, ainsi que leur montant, sera généralement laissée à l'appréciation de chacun des pays. Toutefois, les sections suivantes passent en revue les aspects à prendre en compte, sur la base des dispositions prévues par les régimes existants.

Sanctions pécuniaires

182. Le non-respect des règles relatives à l'obligation déclarative et l'application de sanctions pécuniaires peuvent survenir dans un grand nombre de situations :

- *Sanction pécuniaire pour défaut de communication d'un montage* – c'est le type le plus fréquent de sanction qui sera infligée si le fiscaliste ou le contribuable omet de déclarer une opération ou de communiquer des informations complètes.
- *Sanction pécuniaire pour défaut de tenue ou de transmission de listes de clients* – une sanction peut également être imposée si le fiscaliste tenu de communiquer ou de gérer une liste de clients ne respecte pas cette obligation.
- *Sanction pécuniaire pour défaut de communication d'un numéro de référence de montage* – des sanctions peuvent être appliquées si un fiscaliste tenu d'attribuer un numéro de référence de montage à tous ses clients concernés omet de le faire, ou ne respecte pas le délai imparti.
- *Sanction pécuniaire pour défaut de déclaration d'un numéro de référence de montage* – un contribuable peut aussi se voir infliger une sanction s'il se soustrait à son obligation d'indiquer un numéro de référence de montage sur sa déclaration d'impôts.

Structure des sanctions pour défaut de communication

183. Pour fixer le niveau des sanctions, les juridictions peuvent être amenées à prendre en considération des facteurs tels que l'existence d'une négligence ou d'un manquement délibéré, ou les sanctions peuvent être liées au niveau des honoraires ou au montant de l'avantage fiscal. Toutefois, le principal objectif poursuivi lorsqu'on fixe le montant maximum d'une sanction et qu'on en élabore la structure est d'accroître la pression en vue de faire respecter la loi. Les sanctions doivent être fixées à un niveau qui encourage la conformité et optimise leur effet dissuasif, sans être excessivement lourdes ou disproportionnées. Il convient d'envisager des sanctions basées sur un pourcentage du montant de l'opération ou des économies d'impôt réalisées.

(i) Astreinte journalière

184. Les astreintes journalières mettent l'accent sur la communication d'informations en temps voulu et sont appliquées en Irlande et au Royaume-Uni. Elles peuvent être efficaces pour inciter le fiscaliste et le contribuable à respecter l'obligation de communication d'informations car de nouvelles astreintes peuvent être imposées si le manquement perdure. Au Royaume-Uni, ces sanctions sont de deux types : une astreinte initiale et une astreinte secondaire. L'astreinte initiale est fixée par un tribunal, tandis que l'astreinte journalière secondaire peut être imposée par l'administration fiscale. L'astreinte initiale peut être calculée sur la base d'un montant quotidien ne dépassant pas 600 GBP [14].

185. Si le tribunal estime que l'astreinte journalière maximale mentionnée ci-dessus est insuffisante, il peut la porter à 1 million GBP. Il doit pour cela tenir compte du montant des honoraires perçus ou probablement perçus par le fiscaliste en cas de manquement de la part de ce dernier. Si c'est le contribuable qui omet de communiquer les informations, le tribunal tiendra compte du montant de l'avantage fiscal obtenu ou recherché.

186. En outre, l'administration fiscale britannique peut imposer une astreinte journalière secondaire, ne dépassant pas 600 GBP, pour chaque jour durant lequel le défaut de communication perdure après qu'une astreinte initiale a été infligée. En pareils cas, l'administration fiscale fixe généralement une astreinte secondaire dont le montant est en phase avec celui de l'astreinte initiale. Aussi, la structure des sanctions appliquée au Royaume-Uni et en Irlande tient bien compte du montant de l'avantage fiscal ou des honoraires perçus.

187. Néanmoins, l'approche est différente si un utilisateur omet de mentionner le recours à un montage sur sa déclaration. La sanction est alors de 100 GBP en cas de premier manquement, de 500 GBP en cas de deuxième manquement et de 1 000 GBP pour les infractions ultérieures. L'Irlande applique un système de sanctions similaire à celui du Royaume-Uni, bien que leurs montants diffèrent.

188. Des astreintes journalières peuvent être infligées à un fiscaliste ou un conseiller qui néglige de tenir une liste de ses clients et de la communiquer sur demande. Par exemple, la législation fiscale américaine prévoit que tout conseiller de référence qui omet de tenir une liste en vertu du régime applicable aux opérations devant faire l'objet d'une déclaration, et qui néglige de transmettre cette liste à l'IRS sur demande écrite, est passible d'une astreinte de 10 000 USD par journée de manquement, à compter du 20e jour.

(ii) Sanction proportionnelle à l'économie d'impôt ou aux honoraires du fiscaliste

189. La structure des sanctions en vigueur au Royaume-Uni et en Irlande peut tenir compte du montant de l'avantage fiscal ou des honoraires perçus. Toutefois, l'approche suivie par les États-Unis et par le Canada établit un lien plus explicite en basant directement le niveau des sanctions sur le montant de l'avantage fiscal perçu par le contribuable ou sur le niveau des honoraires ou de la rémunération versés au conseiller ou au fiscaliste.

190. Aux États-Unis, un conseiller de référence qui omet de signaler une opération soumise à déclaration autre qu'une opération répertoriée, ou qui communique des informations incomplètes ou erronées concernant cette opération, est passible d'une sanction de 50 000 USD. Pour les opérations répertoriées, la sanction s'établit à 200 000 USD ou à 50 % (majoré à 75 % lorsque cette omission ou cette déclaration incomplète ou erronée est volontaire), le montant le plus élevé s'appliquant, du revenu brut généré grâce à l'aide, l'assistance ou les conseils prodigués concernant l'opération répertoriée.

191. Pour un contribuable aux États-Unis, la sanction en cas de défaut de communication équivaut à 75 % de l'économie d'impôt générée par l'opération, sous réserve de sanctions minimales et maximales s'échelonnant entre 5 000 et 200 000 USD en fonction du type de contribuable et d'opération à déclarer. Ces montants reflètent les modifications apportées en 2010 au régime américain de sanctions en vue de faire en sorte que le montant des sanctions soit proportionnel à la gravité de l'infraction réprimée[15].

192. Dans le régime canadien, la sanction est proportionnelle au montant des honoraires. Chaque personne assujettie à l'obligation déclarative s'expose à une sanction égale au total des honoraires dus au conseiller ou au fiscaliste. Chaque conseiller ou fiscaliste et responsable conjointement et solidairement avec le contribuable, ce qui les incite à déclarer les opérations ou à encourager leurs clients à le faire. Toutefois, les conseillers et les fiscalistes ne sont responsables qu'à hauteur des honoraires qu'ils sont fondés à percevoir. Cette sanction n'est pas explicitement liée aux avantages fiscaux perçus par l'utilisateur, mais elle reflète implicitement ces avantages dans la mesure où les honoraires sont calculés au prorata de l'avantage fiscal perçu.

193. En Afrique du Sud, une astreinte mensuelle pour défaut de communication comprise entre 50 000 et 100 000 ZAR (sur une période maximale de 12 mois) est infligée, et son montant est doublé si l'avantage fiscal escompté dépasse 5 millions ZAR, et triplé s'il dépasse 10 millions ZAR.

194. Les sanctions en cas de non-respect d'un régime de communication d'informations visent généralement la non-diffusion d'informations, et pas les conséquences fiscales du montage en cause. Par conséquent, les sanctions correspondantes sont distinctes et indépendantes d'autres sanctions prévues par le code des impôts d'un pays, et la communication d'un montage ne peut pas compenser le non-respect d'autres aspects des obligations imparties à un contribuable. L'annexe C contient plusieurs exemples basés sur les dispositions des régimes en vigueur aux États-Unis et au Royaume-Uni.

Sanctions non pécuniaires

195. Des sanctions non pécuniaires sont également possibles. Ainsi, au Canada, l'absence de communication suspend l'effet du montage et les contribuables peuvent se voir refuser les avantages fiscaux qui en découlent. À l'inverse, le montage continue de produire ses effets aux États-Unis, au Royaume-Uni, au Portugal, en Irlande et en Afrique du Sud.

196. Aux États-Unis, les sociétés cotées qui sont tenues de déposer certains rapports auprès de la Commission des opérations de bourse (SEC) (sociétés faisant appel à l'épargne publique, par exemple) doivent faire connaître les sanctions pécuniaires qui leur ont été infligées pour défaut de déclaration de certaines opérations. Aux États-Unis, le non-respect des règles relatives à l'obligation déclarative peut aussi compromettre la capacité du contribuable d'engager un recours efficace contre une sanction imposée pour minoration substantielle de l'impôt se rapportant à l'opération (la non-déclaration peut jouer sur l'appréciation selon laquelle le contribuable a agi « de bonne foi et avec des motifs sérieux » lorsqu'il a opté pour une position fiscale). En outre, aux États-Unis, la non-déclaration étend le délai de prescription (période dont l'État dispose pour contester le traitement fiscal dont un contribuable se prévaut) concernant des opérations répertoriées.

Initiatives ciblant les fiscalistes

197. Les fiscalistes ont une meilleure connaissance des conséquences fiscales d'un montage et sont mieux placés pour savoir si ce montage constitue un instrument d'évasion

fiscale et pour connaître les risques qui s'y rattachent. C'est pourquoi les stratégies de discipline fiscale, y compris les règles relatives à l'obligation déclarative sont probablement plus efficaces si elles ciblent les fiscalistes et si elles axent leurs efforts sur l'offre, au lieu de se focaliser exclusivement sur l'utilisateur final, c'est-à-dire le contribuable. Cette double approche n'est pas l'apanage des régimes de communication obligatoire d'informations ; par exemple, le code des impôts du Mexique prévoit une sanction à l'encontre d'un conseiller fiscal qui conseille un contribuable dans le but de minorer ou d'annuler le montant dû au titre d'un impôt fédéral. Toutefois, cette sanction ne s'applique pas si le conseiller remet au contribuable un avis écrit stipulant que l'administration peut être amenée à rejeter la position assumée. Ce type de sanction incite le conseiller à informer ses clients du risque propre à certaines opérations et, plus généralement, peut le conduire à faire preuve de plus de prudence dans ses conseils.

198. D'autres initiatives visant les fiscalistes peuvent aussi être envisagées dans le cadre d'un régime de communication obligatoire d'informations ou en lien avec un tel régime. Par exemple, le Royaume-Uni cible le comportement des fiscalistes qui font peser le plus de risques en vue d'accroître la transparence et met en place de nouvelles règles à cet effet. Ces règles exposent un fiscaliste qui enfreint ses obligations déclaratives à des mesures supplémentaires prises par l'administration fiscale, y compris l'exercice de pouvoirs d'accès à l'information et des sanctions, destinées à améliorer son comportement. Dans son dernier document de consultation intitulé *Strengthening the Tax Avoidance Disclosure Regimes* (Renforcer les régimes de communication d'informations sur l'évasion fiscale) publié en juillet 2014[16], l'administration fiscale britannique suggère que quiconque travaillant avec un fiscaliste non résident (comme un partenaire commercial) devrait être tenu de faire connaître les dispositifs soumis à déclaration qui sont vantés par ce fiscaliste, afin de décourager le recours à des fiscalistes établis à l'étranger pour contourner les obligations déclaratives en vigueur au Royaume-Uni.

Recommandations

199. Il est recommandé que les pays décrivent clairement, dans leur législation nationale, les conséquences qu'emporte la déclaration d'un montage ou d'une opération en vertu d'un régime de communication d'informations, à savoir qu'elle n'entraine pas l'acceptation d'office du montage en question ou de ses effets présumés.

200. Afin de renforcer le respect des règles relatives à l'obligation déclarative, les pays devraient introduire des sanctions financières qui s'appliqueraient en cas de non-respect des obligations en vigueur. Les pays sont libres d'adopter des sanctions (y compris non pécuniaires) cohérentes avec les dispositions de leur législation interne en général.

Questions de procédure et d'administration de l'impôt

Types d'information à communiquer

201. Lorsqu'une opération est soumise à une obligation déclarative, la personne visée par cette obligation doit communiquer aux autorités fiscales des renseignements spécifiques sur le fonctionnement de l'opération et sur l'avantage fiscal escompté, ainsi que des précisions sur le fiscaliste et sur l'utilisateur du montage. Généralement, les informations à fournir sont celles dont un contribuable aurait besoin pour se conformer à ses obligations fiscales, et comprennent des données détaillées sur les opérations, le nom et l'identifiant fiscal du fiscaliste et des utilisateurs du montage.

202. Les fiscalistes et, dans certaines circonstances, les utilisateurs doivent communiquer des informations suffisantes à l'administration fiscale pour lui permettre de comprendre comment le montage fonctionne et comment l'avantage fiscal attendu est généré. Un modèle possible de formulaire qui décrit les informations à fournir en vertu des régimes de communication obligatoire d'informations existants est présenté ci-dessous. Il est basé sur les formulaires utilisés dans les régimes en vigueur au Royaume-Uni, aux États-Unis, au Canada, en Irlande et en Afrique du Sud [17].

Identification des fiscalistes et des utilisateurs du montage

203. Pour identifier les fiscalistes et les utilisateurs d'un montage, il faut communiquer des renseignements tels que le nom complet, l'adresse, le numéro de téléphone et le numéro de référence ou l'identifiant fiscal (éventuel). En Afrique du Sud et au Canada, il existe un formulaire unique qui doit être rempli par l'utilisateur et le fiscaliste. D'autres pays (États-Unis, Irlande et Royaume-Uni) demandent au fiscaliste et au contribuable d'utiliser un formulaire de déclaration distinct.

Informations sur la disposition en vertu de laquelle le montage est soumis à l'obligation déclarative

204. Les fiscalistes ou les utilisateurs d'un montage sont tenus d'indiquer la caractéristique, à savoir le ou les marqueurs, qui rendent la déclaration obligatoire. Lorsque plusieurs marqueurs entrent en jeu, les États-Unis, le Canada, l'Irlande et l'Afrique du Sud leur demandent de préciser tous ceux qui s'appliquent à la transaction à déclarer. Toutefois, le Royaume-Uni demande au fiscaliste ou à l'utilisateur du montage d'indiquer uniquement le principal marqueur applicable (ce qui permet à l'administration fiscale de mesurer l'efficacité des différents marqueurs).

Description des dispositifs et de leur nom d'usage (éventuel)

205. Les renseignements communiqués doivent être suffisants pour permettre aux services fiscaux de comprendre comment l'avantage fiscal se manifeste. L'explication doit être claire et décrire chacune des étapes du processus. Il n'est pas nécessaire d'expliquer en détail les termes et concepts techniques ou juridiques communs, mais la description de l'opération à déclarer doit inclure les faits pertinents, les coordonnées des parties impliquées, des données détaillées sur chacun des éléments de l'opération et une explication de la façon dont l'avantage fiscal est généré.

Dispositions légales sur lesquelles l'avantage fiscal repose

206. Les dispositions législatives et réglementaires qui sous-tendent le traitement fiscal des opérations doivent être citées de façon exhaustive. Il convient d'expliquer comment les dispositions correspondantes sont appliquées et comment elles permettent au contribuable d'obtenir le traitement fiscal souhaité. Dans le contexte des montages fiscaux internationaux, ces informations doivent faire référence aux dispositions pertinentes du droit étranger.

Description de l'avantage fiscal

207. Le fiscaliste et/ou le contribuable doivent décrire l'avantage fiscal généré par le dispositif. Aux États-Unis, le contribuable doit cocher toutes les cases qui s'appliquent aux avantages fiscaux escomptés de l'opération. Dans d'autres pays, il doit simplement décrire ces avantages.

Liste des clients (fiscaliste uniquement)

208. Certains régimes de communication obligatoire d'informations imposent aux fiscalistes et aux conseillers fiscaux de communiquer des listes de clients au moment de la déclaration ou, dans le cas des États-Unis, les fiscalistes doivent tenir une liste de leurs clients et la communiquer sur demande.

Montant de l'avantage fiscal escompté

209. Certains pays (Afrique du Sud, Canada et États-Unis) exigent que le montant réel ou escompté de l'avantage fiscal généré par le montage déclaré soit indiqué sur le formulaire. Aux États-Unis, par exemple, chaque contribuable et chaque conseiller de référence doivent signaler une opération soumise à déclaration sur un formulaire distinct. Pour que la déclaration soit complète, le contribuable doit indiquer le traitement fiscal escompté et tous les avantages fiscaux potentiels censés résulter de l'opération. Néanmoins, un contribuable peut rencontrer des difficultés pour calculer de façon précise le montant d'un avantage fiscal, plus encore si l'obligation déclarative survient avant qu'un montage soit mis en œuvre (lorsqu'un montage est proposé par un fiscaliste). C'est pourquoi ces informations sont qualifiées de facultatives dans les encadrés ci-dessous.

Encadré 2.10. **Modèle de formulaire de déclaration A (utilisateur du montage)**

- Informations sur l'utilisateur : nom, adresse, numéro de téléphone, numéro de référence fiscal (éventuel)
- Informations sur le montage : décrire chaque élément de l'opération qui génère l'effet fiscal escompté
- Élément portant obligation déclarative : préciser le ou les marqueurs qui justifient de déclarer l'opération
- Dispositions légales ou réglementaires : décrire les principales dispositions légales applicables aux éléments de l'opération déclarée qui génèrent l'avantage fiscal
- Montant de l'avantage fiscal attendu *(facultatif)*
- Informations sur toutes les parties à l'opération : utiles en particulier lorsque des montages sur mesure sont déclarés
- Déclaration : signature, date, nom du signataire

Encadré 2.11. **Modèle de formulaire de déclaration B (pour le fiscaliste ou le conseiller)**

- Informations sur le fiscaliste ou sur le conseiller : nom, adresse, numéro de téléphone, numéro de référence fiscal (éventuel)
- Informations sur le montage : décrire chaque élément de l'opération qui génère l'effet fiscal escompté
- Élément portant obligation déclarative : préciser le ou les marqueurs qui justifient de déclarer l'opération
- Dispositions légales ou réglementaires : décrire les principales dispositions légales applicables aux éléments de l'opération déclarée qui génèrent l'avantage fiscal
- Liste des clients : nom des clients à qui l'opération a été proposée (si la législation interne l'autorise)
- Montant de l'avantage fiscal attendu *(facultatif)*
- Informations sur toutes les parties à l'opération : utiles en particulier lorsque des montages sur mesure sont déclarés
- Déclaration : signature, date, nom du signataire

Pouvoirs de se procurer des informations complémentaires

210. Lorsqu'une administration fiscale reçoit une déclaration initiale, elle peut être amenée à demander des renseignements supplémentaires, par exemple pour obtenir des précisions sur un montage et son fonctionnement ou pour clarifier des informations incomplètes ou peu claires. En outre, des pouvoirs d'information peuvent être nécessaires même si aucune déclaration n'a été faite, afin de s'assurer que le contribuable et le fiscaliste respectent leurs obligations déclaratives.

211. Par conséquent, il convient de déterminer dans quelle mesure des pouvoirs nouveaux ou supplémentaires sont nécessaires pour permettre à une administration fiscale de :

- rechercher les raisons pour lesquelles un montage n'a pas été déclaré par un fiscaliste ou par un utilisateur dans des circonstances où elle estime que cette déclaration aurait dû avoir lieu ;
- demander à un intermédiaire (personne qui présente des clients à un fiscaliste) d'identifier la personne qui lui a communiqué des informations relatives au montage[18] ;
- demander un complément d'informations lorsqu'une déclaration est incomplète ; et
- demander un surcroît d'informations après la déclaration initiale du fiscaliste ou de l'utilisateur d'un montage ou d'un dispositif.

Utilisation des informations recueillies

212. Une fois qu'un régime de communication obligatoire d'informations est mis en place, l'administration fiscale peut utiliser les informations recueillies de diverses manières afin d'influer sur le comportement du contribuable et de contrer les montages d'évasion fiscale. Elle peut intervenir par différents moyens : modifications législatives, évaluation des risques et vérification, et stratégies de communication.

Modification législative ou réglementaire

213. La détection précoce de montages d'évasion fiscale permet aux autorités fiscales de modifier la législation fiscale plus rapidement. Au Royaume-Uni, par exemple, de nombreuses modifications ont été apportées à la législation fiscale, informées par les déclarations, depuis que le système DOTAS a été mis en place en 2004. Elles ont permis d'empêcher que plusieurs milliards de livres de bénéfices échappent à l'impôt.

214. La rapidité des modifications législatives dépend du système législatif du pays, mais nécessite également la mise en place d'un processus permettant d'analyser et d'évaluer rapidement les risques liés aux nouveaux montages.

Évaluation des risques

215. Il existe généralement, au sein des services fiscaux, une équipe dédiée qui s'occupe des déclarations. Cette équipe procède à un examen initial du dispositif et contribue à déterminer si des mesures supplémentaires doivent être prises, sous la forme d'une modification législative, de vérifications, d'une demande de renseignements supplémentaires, etc. La procédure interne spécifique varie en fonction de la structure administrative des pays.

216. Au Royaume-Uni, après réception d'une déclaration, une équipe ad hoc évalue le risque que représente le dispositif signalé et coordonne les réponses provenant des différentes divisions stratégiques et opérationnelles. Cela implique de concevoir et de déployer la stratégie opérationnelle permettant de traiter les demandes de renseignements sur le montage correspondant. Aux États-Unis, l'équipe appelée *Office of Tax Shelter Analysis* (OTSA)

est le point de convergence des activités de discipline fiscale, responsable du suivi de toutes les opérations déclarées et de la recherche des infractions potentielles, et chargée de veiller à la bonne diffusion des informations sur les dispositifs d'évitement fiscal au sein de l'administration fiscale.

Stratégie de communication

217. Les autorités fiscales peuvent publier, à l'intention des contribuables, des documents visant à les informer, à un stade précoce, qu'elles ont détecté un dispositif sur le marché et qu'elles examinent actuellement ses conséquences fiscales. Les autorités fiscales y décrivent le dispositif en question et les préoccupations qu'elles nourrissent à son égard, de manière à ce que les contribuables soient informés des risques qu'ils prennent en s'engageant dans ce montage. Cette approche fondée sur les moyens de communication de masse peut être efficace pour influencer le comportement du contribuable et du fiscaliste en matière de civisme fiscal. Ainsi, le Royaume-Uni publie le bulletin *Spotlight* qui avertit les contribuables des conséquences de certains dispositifs d'évitement fiscal[19].

218. Le Canada publie un bulletin comparable à celui du Royaume-Uni, appelé « Alerte fiscale »[20]. L'Agence du revenu du Canada (ARC) diffuse occasionnellement ce bulletin qui traite de questions fiscales particulières afin d'aider les contribuables à comprendre les conséquences fiscales auxquelles ils s'exposent s'ils s'engagent dans un montage ou une opération. Ces publications sont un moyen de procurer en temps utile des informations aux contribuables afin de les dissuader d'entreprendre certaines opérations.

219. Aux États-Unis, l'IRS publie son avis sur des opérations qu'il a classées parmi les opérations d'évitement fiscal en les qualifiant « d'opérations répertoriées » dans des notes administratives ou d'autres documents publics[21]. L'IRS répertorie également les opérations qui peuvent potentiellement conduire à un évitement fiscal en les qualifiant « d'opérations dignes d'attention » dans ses notes administratives ou autres documents publics[22]. Ces avis au public décrivent à la fois les caractéristiques des opérations identifiées et leurs conséquences fiscales escomptées.

Recommandations

220. Les administrations fiscales doivent définir les informations qu'un fiscaliste ou un contribuable est tenu de déclarer. Il est recommandé que ces informations comprennent :

- l'identification des fiscalistes et des utilisateurs du montage
- des détails sur les éléments qui justifient de déclarer le montage
- une description des dispositifs et leur nom d'usage (éventuel)
- des précisions sur les dispositions légales sur lesquelles l'avantage fiscal repose
- une description de l'avantage fiscal
- une liste de clients (fiscaliste uniquement) si la législation interne l'autorise
- le montant de l'avantage fiscal escompté

221. En outre, toute disposition relative à la communication obligatoire d'informations devra être étayée par les pouvoirs de collecte d'information nécessaires pour permettre à une administration fiscale de :

- déterminer les raisons pour lesquelles la déclaration n'a pas été effectuée
- déterminer l'identité des fiscalistes et des intermédiaires
- demander des informations complémentaires à la suite d'une déclaration.

222. Pour pouvoir faire un usage efficace des informations obtenues grâce à l'obligation déclarative, il est recommandé que les administrations fiscales mettent en place une petite cellule chargée d'évaluer les risques représentés par les déclarations reçues et de coordonner les actions à mener entre les autorités fiscales.

Notes

1. Les marqueurs servent à identifier les caractéristiques des montages de planification fiscale agressive et se divisent en deux catégories : les marqueurs généraux et les marqueurs spécifiques. Plus de détails sont précisés dans la partie « marqueurs » de ce chapitre.

2. Hormis dans les cas où un litige est réellement envisagé, le secret professionnel se limite en règle générale aux conseils juridiques fournis par un juriste à son client, sans s'étendre aux documents établis durant le déroulement normal d'une opération, ni à l'identité des parties concernées. Ce type de secret professionnel est comparable à celui liant les avocats à leurs clients selon la *common law* américaine. La législation américaine définit en outre une protection couvrant les échanges entre un contribuable et un fiscaliste agréé par l'IRS ; cependant, comme pour le secret professionnel des avocats, cette protection ne s'étend pas à l'identité du contribuable. Voir par exemple : *United States v. BDO Seidman*, 337 F.3d 802 (7th Cir. 2003) ; *Doe v. KPMG LLP*, 325 F. Supp. 2d 746 (N.D. Tex. 2004). En outre, les échanges relatifs aux abris fiscaux sont, eux aussi, exclus de ce champ de protection des États-Unis.

3. Plusieurs mesures législatives prévoient l'utilisation de critères, souvent fondés sur un montant minimum des opérations. Cependant, les régimes de communication obligatoire d'informations en vigueur s'appuient avant tout sur le critère de l'avantage principal ou de l'objet principal. En conséquence, dans ce rapport, le terme de critère est employé dans ce sens.

4. Cependant, comme mentionné précédemment, l'expérience acquise par certains pays montre que la fréquence de certaines opérations diminue avec la mise en place de marqueurs généraux, ce qui peut permettre de faire l'économie d'un critère supplémentaire.

5. HMRC (2014), *Disclosure of Tax Avoidance Schemes : Guidance*, 14 mai 2014, p.40.

6. HMRC (2014), *Disclosure of Tax Avoidance Schemes : Guidance*, 14 mai 2014, p.46.

7. Le Canada a institué deux régimes de communication obligatoire d'informations : le régime applicable aux abris fiscaux et la déclaration de renseignements concernant les opérations d'évitement fiscal. Le régime applicable aux abris fiscaux est en place depuis 1989 ; son champ est étroit puisqu'il n'englobe que les arrangements de don et l'achat de biens immobiliers. De ce fait, ce régime, malgré son efficacité pour fournir des renseignements en temps utile, laisse de côté un grand nombre de dispositifs visant à échapper à l'impôt. Le nouveau régime de communication obligatoire d'informations, institué en 2013, a vocation à englober les montages non pris en compte par ce régime relatif aux abris fiscaux.

8. Pour plus de détails, voir Avis 2006-6, 2006-5 I.R.B. 385 : www.irs.gov/pub/irs-irbs/irb06-05.pdf (accès le 17 juin 2015).

9. Il se peut également qu'un contribuable décide ultimement de ne demander aucune exonération fiscale agressive ou abusive dans sa déclaration de revenus.

10. Les numéros de référence de montage peuvent avoir moins d'importance lorsque l'obligation déclarative s'impose à la fois au fiscaliste et au contribuable, comme aux États-Unis. Le fait que les contribuables et les fiscalistes/conseillers de référence soient soumis à l'obligation déclarative aux États-Unis peut aussi réduire la nécessité de recourir aux listes de clients.

Les numéros de référence et les listes de clients sont probablement plus essentiels dans les régimes où l'obligation déclarative incombe en premier lieu au fiscaliste, et ne concernent l'utilisateur que dans un nombre limité de circonstances. La double déclaration offre l'avantage supplémentaire de permettre d'effectuer des vérifications croisées.

11. Dans le régime sud-africain de communication obligation d'informations, un numéro de référence est délivré aux contribuables qui doivent signaler qu'ils se sont engagés dans une opération soumise à déclaration et porter ce numéro de référence dans leurs déclarations d'impôt annuelles. Toutefois, le régime sud-africain ne prévoit pas le recours à une liste de clients.

12. Toute opération commencée après le 23 octobre 2014 qui fait l'objet d'une obligation déclarative recevra un numéro d'opération par l'administration fiscale irlandaise [Chapitre 3 de la partie 33 du *Taxes Consolidation Act* (tel qu'amendé par le *Finance Act* de 2014)].

13. Notons que le secret professionnel ne s'étend généralement pas aux listes de clients.

14. La « période initiale » débute le premier jour qui suit la fin de la période durant laquelle le montage aurait dû être déclaré, et se termine à la première des dates suivantes : le jour où le tribunal fixe le montant de la sanction ou la veille du jour où le montage est déclaré.

15. La modification apportée en 2010 au régime de sanctions s'applique aux sanctions infligées après le 31 décembre 2006. Avant la révision, un contribuable qui omettait de déclarer une opération répertoriée s'exposait à une sanction forfaitaire de 100 000 USD s'il s'agissait d'une personne physique, et de 200 000 USD dans les autres cas. Un contribuable qui omettait de signaler une opération soumise à déclaration autre qu'une opération répertoriée était passible d'une sanction forfaitaire de 10 000 USD s'il s'agissait d'une personne physique, et de 50 000 USD dans les autres cas.

16. https://www.gov.uk/government/consultations/strengthening-the-tax-avoidance-disclosure-regimes (accès le 14 juin 2015).

17. Liens vers les formulaires de déclaration disponibles :

- Royaume-Uni : https://www.gov.uk/forms-to-disclose-tax-avoidance-schemes (accès le17 juin 2015).
- États-Unis : www.irs.gov/pub/irs-pdf/f8918.pdf, www.irs.gov/pub/irs-pdf/f8886.pdf (accès le 17 juin 2015).
- Irlande : www.revenue.ie/en/practitioner/law/mandatory-disclosure.html (accès le 17 juin 2015).
- Afrique du Sud : www.sars.gov.za/AllDocs/OpsDocs/SARSForms/RA01%20-%20Reporting%20Reportable%20Arrangements%20-%20External%20Form.pdf (accès le 17 juin 2015).
- Canada : www.cra-arc.gc.ca/F/pbg/tf/rc312/rc312-15f.pdf, www.cra-arc.gc.ca/F/pbg/tf/t5001/t5001-14f.pdf (accès le 17 juin 2015).

18. Le régime du Royaume-Uni comporte une telle disposition qui s'applique lorsqu'une personne est suspectée d'agir en qualité d'intermédiaire pour un montage visé par l'obligation déclarative mais qui n'a pas été déclaré.

19. Spotlight, disponible à https://www.gov.uk/government/publications/tax-avoidance-schemes-currently-in-the-spotlight (accès le 17 juin 2015).

20. Alerte fiscale, disponible à www.cra-arc.gc.ca/nwsrm/lrts/menu-eng.html (accès le 17 juin 2015).

21. Un fichier mis à jour des opérations répertoriées est disponible à : www.irs.gov/Businesses/Corporations/Listed-Transactions (accès le 17 juin 2015).

22. Liens vers des transactions d'intérêt disponible à : www.irs.gov/Businesses/Corporations/Transactions-of-Interest---Not-LMSB-Tier-I-Issues (accès le 17 juin 2015).

Bibliographie

HMRC (2014), *Disclosure of Tax Avoidance Schemes : Guidance*, 14 mai 2014 https://www.gov.uk/government/uploads/system/uploads/attachment_data/file/341960/dotas-guidance.pdf (accès le 17 juin 2015).

Irish Revenue Commissioners (2011), Guidance Notes on Mandatory Disclosure Regime, janvier 2015, www.revenue.ie/en/practitioner/law/notes-for-guidance/mandatory-disclosure/ (accès le 17 juin 2015).

Chapitre 3

Montages fiscaux internationaux

223. Une partie du travail demandé au titre de l'action 12 consiste à examiner comment rendre la déclaration obligatoire plus efficace sur le plan international. Cette action demande expressément des recommandations concernant la déclaration obligatoire des montages fiscaux internationaux et l'exploration d'une définition large des « avantages fiscaux » afin de bien les appréhender.

224. Les travaux entrepris au titre de l'action 12 ont pour objet de donner aux pays un instrument supplémentaire pour lutter contre l'érosion de la base d'imposition et le transfert de bénéfices (BEPS) en procurant aux administrations fiscales des informations en temps réel sur la planification fiscale transfrontalière. Comme le chapitre 1 l'indique, l'un des principaux atouts de la déclaration obligatoire est de procurer aux administrations fiscales des informations actuelles, exhaustives et pertinentes sur le comportement réel des contribuables. Ces avantages s'avèrent particulièrement importants au regard des montages transfrontaliers car en leur absence, les administrations fiscales pourraient autrement éprouver des difficultés à obtenir des informations factuelles sur un montage ou une vision complète de ses conséquences fiscales et économiques. Mais la difficulté est de formuler des obligations déclaratives qui soient bien ciblées et qui portent sur les informations essentielles dont les administrations fiscales ont besoin pour prendre des décisions en connaissance de cause, tout en évitant de demander trop de renseignements ou de soumettre les contribuables à des formalités trop lourdes.

225. Ce chapitre fait ressortir certaines grandes différences entre les montages nationaux et internationaux qui expliquent pourquoi il est plus difficile de faire déclarer ces derniers. Il recommande ensuite des améliorations des éléments qui pourraient être inclus dans les régimes de déclaration obligatoire afin qu'ils ciblent plus efficacement la planification fiscale transfrontalière.

Application des règles relatives à l'obligation déclarative existantes

Définition d'un montage fiscal devant faire l'objet d'une déclaration

226. Rien ne s'oppose en principe à ce que les régimes de déclaration obligatoire en vigueur s'appliquent aux montages internationaux. Ceux-ci prévoient la déclaration d'un montage s'il répond à l'un des critères retenus et si ses caractéristiques correspondent à l'un des marqueurs. Les marqueurs utilisés actuellement par les régimes de déclaration obligatoire ne font pas en général de distinction entre les montages entièrement nationaux et ceux qui ont une composante transfrontalière ; en outre, certaines juridictions ont des marqueurs qui ciblent spécifiquement les montages transfrontaliers ou des règles qui permettent de distinguer une opération internationale.

227. Toutefois, plusieurs pays dotés de régimes de déclaration obligatoire indiquent qu'on leur communique en pratique relativement moins d'informations sur les montages transfrontaliers. C'est apparemment en partie la conséquence du mode de structuration des montages internationaux et de la manière dont ces régimes formulent des obligations de communication d'informations sur un montage qui fait l'objet d'une obligation déclarative.

228. Le plus souvent, les montages transfrontaliers confèrent de multiples avantages fiscaux à diverses parties situées dans des juridictions différentes, et les avantages fiscaux internes qui en découlent peuvent sembler négligeables si on les considère isolément de l'ensemble du montage. Du fait du caractère ambigu des avantages résultant de la planification fiscale transfrontalière, les régimes de déclaration qui visent exclusivement les résultats fiscaux internes pour les contribuables résidents, sans appréhender la situation d'ensemble, risquent d'ignorer de nombreuses formes d'optimisation fiscale transfrontalière.

229. Comme l'indique le chapitre 2, certains régimes de déclaration conditionnent celle-ci à un critère formel (comme le *test de l'avantage principal* ou de l'*évasion fiscale*). Cette condition peut être difficile à appliquer aux montages transfrontaliers qui ont des conséquences fiscales dans plusieurs juridictions différentes. Il est possible qu'ils ne répondent pas au critère de déclaration si le contribuable est en mesure de démontrer que les éventuels avantages fiscaux internes sont négligeables au regard des avantages commerciaux et fiscaux externes de l'opération dans son ensemble. Dans certains cas, il arrive même que les avantages fiscaux externes d'un montage transfrontalier reviennent aux contribuables de la juridiction déclarante sous la forme d'une diminution du coût du capital ou d'une augmentation du rendement. Cela a pour effet de convertir l'avantage fiscal d'une contrepartie étrangère située dans la juridiction offshore en un avantage commercial pour les contribuables de la juridiction déclarante, ce qui réduit encore l'importance globale des avantages fiscaux internes découlant de l'opération qui peut néanmoins poser un risque à l'administration fiscale nationale.

230. Les montages de planification fiscale transfrontalière sont souvent intégrés à une opération commerciale plus large telle qu'une acquisition, un refinancement ou une restructuration. Ils sont souvent élaborés sur mesure, c'est-à-dire spécifiques à un contribuable et à une opération, et ne font pas forcément l'objet d'une promotion aussi large qu'un montage commercialisé à l'échelle nationale. Il peut donc s'avérer difficile de les cibler au moyen de marqueurs généraux qui ciblent principalement des montages objet d'une promotion, qui peuvent être facilement répliqués et vendus à un certain nombre de contribuables différents. Certains pays utilisent une définition élargie des marqueurs généraux pour cibler les formes plus spécialisées de planification fiscale que l'on trouve dans les montages internationaux comme le test hypothétique de la prime de résultat employé par le Royaume-Uni et l'Irlande qui englobe les montages dans lesquels l'optimisation fiscale est assez novatrice pour qu'un fiscaliste puisse en tirer une prime de résultat. Mais ces pays limitent habituellement la portée de ces marqueurs au moyen d'un critère préalable qui restreint l'application aux montages conçus pour procurer des avantages fiscaux nationaux.

231. Le recours à des marqueurs spécifiques est généralement la méthode la plus efficace pour cibler les montages fiscaux transfrontaliers qui posent des risques pour la politique ou les recettes fiscales dans la juridiction déclarante. Certains de ceux utilisés actuellement dans les régimes de déclaration obligatoire (crédit-bail, montages de conversion des revenus, par exemple) peuvent s'appliquer aussi bien dans un contexte national qu'international. En outre, des pays comme les États-Unis, l'Afrique du Sud et le Portugal ont mis au point des marqueurs qui ciblent spécifiquement les opérations internationales.

232. L'un des problèmes posés par la conception de marqueurs spécifiques est de formuler une définition qui soit suffisamment large pour englober toute la gamme des techniques de planification fiscale et suffisamment étroite pour éviter un excès de déclarations. L'un des moyens de le résoudre est de mettre l'accent sur les mesures BEPS qui suscitent des préoccupations de politique fiscale. L'identification d'un montage international par renvoi à un résultat spécifique et la technique générale employée pour y arriver sont similaires à la démarche suivie par les États-Unis qui consiste à étendre les obligations déclaratives aux opérations qui sont « sensiblement similaires » à celles qui sont répertoriées (c'est-à-dire à celles censées avoir des conséquences identiques ou similaires à une opération répertoriée et qui reposent sur une stratégie identique ou similaire).

Désignation des personnes soumises à l'obligation déclarative

233. Une juridiction déclarante ne doit demander la communication d'informations sur un montage international que lorsque celui-ci a un lien significatif avec elle (le montage entraine des conséquences fiscales internes pour un contribuable résident). Un régime de déclaration obligatoire doit éviter d'imposer des obligations déclaratives à des personnes non soumises à l'impôt dans la juridiction déclarante ou à des conseillers ou intermédiaires qui ne fournissent aucun conseil ou qui n'apportent aucune aide aux contribuables résidents ou concernant les opérations internes. Ainsi, le champ d'application d'un régime de communication obligatoire d'informations devrait se limiter aux contribuables résidents et à leurs conseillers et seulement aux montages ayant une influence significative sur les résultats fiscaux internes dans la juridiction déclarante. Limiter de la sorte le champ d'application des régimes de déclaration permet d'éviter d'imposer des obligations déclaratives dans des circonstances où l'administration fiscale ne serait guère en mesure de les faire respecter.

234. Après s'être assuré de la possibilité de demander des informations, il faut réfléchir à la manière dont un contribuable situé dans la juridiction déclarante se conformerait aux obligations supplémentaires de communication d'informations relatives aux montages fiscaux internationaux. Ce n'est pas parce qu'un montage international a des conséquences internes pour un contribuable que celui-ci a nécessairement connaissance des éléments internationaux de ce montage ou est capable de bien en comprendre les effets. Les obligations de communication d'informations ne doivent pas non plus être formulées de façon à encourager un contribuable à ignorer délibérément les aspects internationaux d'un montage pour ne pas avoir à le communiquer.

Description des éléments à déclarer

235. Une fois que l'obligation de communication d'informations est déclenchée, il reste à savoir quelles informations doivent être déclarées. Certes, les contribuables ne doivent être tenus de ne communiquer que les informations dont ils ont connaissance, qui se trouvent en leur possession ou sous leur contrôle, mais on peut attendre d'eux qu'ils demandent des informations sur le fonctionnement et sur l'effet d'un montage intragroupe auprès d'autres membres de ce groupe.

Recommandation relative à une conception différente du régime de communication obligatoire d'informations applicable aux montages fiscaux internationaux

236. Compte tenu de ce qui précède, il est recommandé de modifier comme suit les éléments de conception aux fins d'un régime de déclaration afin de mieux cibler la planification fiscale transfrontalière :

- abolir le critère préalable dans les cas de montages transfrontaliers ;
- mettre au point des marqueurs qui visent les risques relatifs à l'érosion de la base d'imposition et au transfert de bénéfices que posent les montages transfrontaliers et qu'ils soient assez larges pour appréhender les techniques de planification fiscale différentes et innovantes (résultats transfrontaliers) ;
- formuler une définition de montages soumis à l'obligation déclarative doit être suffisamment large pour inclure tout dispositif qui comprend une transaction importante avec un contribuable résident et qui donne lieu à un résultat transfrontalier ;
- éviter l'imposition d'un fardeau excessif aux contribuables ou à leurs conseillers en exigeant la divulgation seulement dans des circonstances où on s'attend raisonnablement à ce que le contribuable résident ou ses conseillers aient eu connaissance du résultat transfrontalier au titre du dispositif ;
- exiger la déclaration obligatoire de la part du contribuable résident ou de son conseiller à l'administration fiscale de toute information importante sur le dispositif dont ils ont connaissance possession ou contrôle ;
- imposer une obligation au contribuable résident au moment où il participe à une opération importante avec un membre du groupe pour :
  - faire des recherches raisonnables pour savoir si le dispositif qui a donné lieu à la transaction inclut un résultat transfrontalier identifié par un marqueur élaboré au titre du paragraphe b) ci-dessus ;
  - aviser l'administration fiscale si :
    - le membre du groupe ne fournit pas d'informations pertinentes concernant le dispositif ;
    - l'information concernant le dispositif est inadéquate ou incomplète ;
    - la transmission de l'information fournie s'est faite dans des délais déraisonnables.

Les sections suivantes expliquent plus en détail les principaux éléments de cette méthode.

Absence de critère de seuil

237. La fixation d'un critère de seuil vise à filtrer les déclarations superflues et à alléger les contraintes administratives et de discipline du régime en ciblant uniquement les opérations à visée fiscale susceptibles d'entrainer les plus grands risques pour la politique et les recettes fiscales.

238. Or, les marqueurs des montages internationaux (dont il est question ci-dessous) ne cibleraient que les dispositifs qui entraineraient des résultats fiscaux transfrontaliers qui sont particulièrement préoccupants aux yeux d'une administration fiscale. La déclaration de ces dispositifs serait exigée si les circonstances étaient telles qu'ils présentent un risque

important à la juridiction déclarante d'un point de vue des recettes fiscales. À condition que les nouveaux marqueurs donnent une description précise des résultats préoccupants pour une administration fiscale d'une juridiction déclarante et que les seuils d'importance soient établis pour éviter des déclarations superflues, il ne devrait pas être nécessaire d'appliquer un critère de seuil pour écarter les déclarations inutiles ou d'importance négligeable.

Nouveaux marqueurs fondés sur l'identification de résultats fiscaux de montages transfrontaliers

239. La manière la plus directe de cibler les montages transfrontaliers consiste à ce que les administrations fiscales mettent au point des marqueurs axés sur les types de techniques d'érosion de base d'imposition et les techniques de transfert de bénéfices qui sont connus comme pouvant susciter des préoccupations relativement à la politique ou aux recettes fiscales (résultats transfrontaliers). Les résultats transfrontaliers incluent les types de structures identifiées dans le plan d'action BEPS (OCDE, 2013) (par exemple, un montage hybride et un dispositif de chalandage fiscal) et peuvent inclure d'autres résultats transfrontaliers qui posent des risques matériels à l'assiette fiscale d'une juridiction déclarante. Ils peuvent inclure :

- des dispositifs qui donnent lieu à un conflit de propriété d'un actif de sorte que les contribuables de différentes juridictions réclament un allègement fiscal au titre de l'amortissement d'un même actif ou réclament un allègement de la double imposition au titre d'un même élément de revenu tiré de l'actif;
- une déduction des paiements transfrontaliers aux membres d'un même groupe qui ne sont résidents d'aucune juridiction aux fins d'impôt ou qui sont résidents d'une juridiction qui ne lève pas d'impôt sur le revenu;
- des transactions qui donnent lieu à une déduction ou à un allègement équivalent provenant d'un transfert présumé ou effectif de valeurs à des fins fiscales qui n'est pas considéré comme ayant des conséquences fiscales dans la juridiction de la contrepartie.
- des transferts d'actifs alors qu'il y a des différences importantes dans le montant considéré comme étant payable en contrepartie pour l'actif.

240. Les marqueurs pour les montages internationaux doivent être à la fois *spécifiques* dans la mesure où ils font ressortir certains résultats fiscaux transfrontaliers qui suscitent des préoccupations pour la juridiction déclarante, et *généraux* dans la mesure où ils sont définis en référence à l'ensemble des résultats fiscaux et qu'ils puissent s'appliquer à tout dispositif conçu pour produire ces résultats quelle que soit la façon dont il est structuré. La conjonction d'éléments spécifiques et généraux permet aux administrations fiscales de cibler les montages internationaux les plus préoccupants pour la politique et les recettes fiscales tout en appréhendant les montages nouveaux ou innovants. En plus de présenter des descriptions générales des résultats transfrontaliers, l'administration fiscale devrait fournir une liste spécifique des régimes fiscaux et des résultats qui ne sont pas soumis à l'obligation de déclaration en vertu des marqueurs internationaux afin d'éviter la divulgation de dispositifs connus par l'administration fiscale et qui ne sont pas considérés comme soulevant des questions particulières de politique fiscale.

241. Dans le cadre des travaux sur la surveillance des résultats au titre du projet BEPS, les pays peuvent examiner si des marqueurs additionnels sont requis pour assurer les résultats attendus du projet BEPS. Ce travail pourrait inclure le développement de marqueurs modèles pour minimiser les coûts de conformité engendrés autrement par les différents

pays imposant au même montage transfrontalier des obligations déclaratives qui se chevauchent, chacune ayant ses propres définitions et portées.

Définition élargie de « dispositif » qui inclut les résultats fiscaux à l'étranger

242. La définition de « dispositif soumis à l'obligation déclarative » sur le plan international doit englober tout dispositif auquel participe un contribuable résident si ce dispositif inclut un résultat transfrontalier. Les contribuables résidents devraient être tenus de divulguer leur participation dans ce dispositif même s'ils ne sont pas directement associés aux résultats transfrontaliers. Si la divulgation n'était exigée que des contribuables directement touchés par un résultat transfrontalier, il suffirait alors aux planificateurs fiscaux d'utiliser des intermédiaires et des structures en cascades pour éviter de déclencher l'obligation déclarative interne. Mais, de la même façon, une juridiction déclarante ne devrait pas exiger la divulgation de dispositifs transfrontaliers qui ne posent pas de risques importants pour les recettes fiscales dans cette juridiction. Par conséquent, un dispositif qui inclut un résultat transfrontalier spécifique ne devrait être soumis à déclaration que s'il comporte une opération ou un paiement ayant un impact fiscal significatif dans la juridiction déclarante.

Dispositif

243. La définition de *dispositif* devrait être suffisamment large et robuste pour englober tout dispositif, plan ou accord, toutes les étapes et opérations qui font partie de ce dispositif et toutes les personnes qui y sont parties ou qui sont touchées par celui-ci. Par exemple, dans le contexte d'un financement de groupe (ou refinancement), le dispositif englobe la transaction initiale qui injecte le nouveau capital dans le groupe, toutes les étapes subséquentes et les transactions intragroupe qui expliquent comment le capital a été déployé, notamment les transactions faites en vue de ou en conséquence du financement ou refinancement. Lors de l'acquisition d'une nouvelle entité, le dispositif inclurait non seulement l'acquisition elle-même mais aussi le financement de l'acquisition et toute restructuration à la suite de l'acquisition. Quoique la définition de « dispositif » devrait être prise dans son sens large afin d'englober tout dispositif qui incorpore un résultat transfrontalier ayant des conséquences fiscales importantes dans la juridiction déclarante, seules les transactions qui expliquent les impacts fiscaux directs ou indirects du résultat transfrontalier dans la juridiction déclarante devraient être soumises à l'obligation de divulgation (voir ci-dessous).

Dispositifs qui englobent un résultat transfrontalier

244. Tout dispositif qui incorpore un résultat transfrontalier indiqué sera potentiellement soumis à l'obligation déclarative. Un régime de communication obligatoire d'informations pour les montages internationaux ne doit pas limiter la déclaration aux montages dont le résultat transfrontalier est l'objet ou un des objets principaux du dispositif. Pour que le dispositif tombe dans le champ d'application de l'obligation déclarative il suffit que l'effet de ce dispositif soit de donner lieu à un résultat transfrontalier, ce résultat devant être décrit de façon très précise afin que le contribuable puisse aisément déterminer si une opération est visée.

Dispositif qui englobe une opération ayant une influence fiscale significative

245. L'exigence pour un dispositif d'inclure une opération ayant un *impact fiscal important* dans la juridiction déclarante assure que les montages internationaux ne puissent être déclarés que dans les juridictions où ils ont réellement des impacts fiscaux sur le revenu.

246. Un dispositif aura un impact fiscal dans une juridiction déclarante si le dispositif a pour effet, effectif ou potentiel, de réduire l'impôt payable dans la juridiction déclarante. L'impact fiscal doit être important. Le seuil d'importance devrait être un montant établi (pour favoriser une certitude) en fonction des conséquences économiques et fiscales de l'opération à laquelle participe le contribuable résident (ou les paiements au contribuable ou ceux qu'il a faits). L'importance devrait être mesurée en fonction de la durée du dispositif.

247. La détermination de l'impact fiscal d'une transaction n'exige pas une comparaison avant et après des conséquences fiscales de la transaction conclue, mais plutôt une analyse directe de l'impact économique et fiscal de la transaction et de tout paiement fait en lien avec celle-ci. Les transactions ou paiements ayant un impact fiscal peuvent, par exemple, inclure le paiement d'intérêt à une partie liée à l'étranger, un paiement admissible à un allègement fiscal en vertu d'une convention fiscale ou le transfert d'un actif productif à un non-résident. La définition de « transaction » devrait aussi englober les transactions notionnelles ou présumées qui sont reconnues à des fins fiscales dans la juridiction de la contrepartie même si de telles transactions ne sont pas traitées comme ayant un impact économique ou fiscal dans la juridiction déclarante (comme un transfert présumé de fonds de commerce).

Le contribuable résident

248. Un contribuable résident, dans ce contexte, devrait inclure toute personne qui est résident à des fins fiscales dans la juridiction déclarante et tout non-résident dans la mesure où cette personne est soumise à une obligation fiscale déclarative de son revenu qui a sa source ou un lien avec la juridiction déclarante.

Limites imposées à l'obligation déclarative

249. Pour éviter que l'obligation déclarative impose un fardeau trop lourd aux contribuables, elle ne serait imposée dans la juridiction déclarante que lorsqu'on aurait pu raisonnablement s'attendre à ce que le contribuable soit conscient du résultat transfrontalier découlant du dispositif.

250. On peut raisonnablement s'attendre à ce qu'une personne soit consciente du résultat transfrontalier lorsqu'elle a suffisamment d'informations concernant le dispositif pour en comprendre la conception et en reconnaître les impacts fiscaux. Ces informations incluent celles obtenues par un contribuable soumis à l'obligation de faire des recherches raisonnables (décrites ci-dessus), mais dans un contexte de transactions avec des tiers non liés, le test ne devrait pas servir à obliger une personne à recueillir plus d'informations que ce qu'on serait en droit d'attendre au cours de vérifications commerciales ordinaires relativement à une transaction de cette nature.

Exigences de vérifications objectives et de notification

251. On ne peut s'attendre d'un contribuable qu'il fournisse à l'administration fiscale de l'information dont il a connaissance, possession ou contrôle. L'information dont une personne a le contrôle inclut l'information détenue par des agents ou des entités contrôlées. Comme c'est le cas pour les montages fiscaux limités à un pays, l'obligation déclarative ne devrait pas exiger de toute personne de fournir de l'information soumise à une obligation de non-divulgation ou de confidentialité envers une tierce partie.

252. Lorsqu'un contribuable participe avec un membre du groupe à une transaction ayant un impact fiscal significatif, on peut s'attendre du contribuable, au moment où il devient partie à la transaction, qu'il fasse des demandes de renseignements raisonnables auprès des membres du groupe pour déterminer si la transaction fait partie d'un dispositif qui inclut ou inclura un résultat transfrontalier. Dans certains cas, l'information concernant le montage pourrait faire l'objet de mesures de confidentialité ou d'autres restrictions qui s'opposent à leur communication au contribuable soumis à l'obligation déclarative. En pareil cas, lorsque les membres du groupe ne peuvent ou ne veulent pas fournir cette information en temps raisonnable, le contribuable doit alors aviser l'administration fiscale du fait que :

- il est partie à une transaction intragroupe ayant un impact fiscal significatif;
- après avoir fait des demandes de renseignements raisonnables, il n'a pu obtenir l'information lui permettant de savoir si la transaction fait partie d'un dispositif qui incorpore un résultat transfrontalier.

La notification devrait inclure toute information pertinente que détient le contribuable résident au sujet de la transaction intragroupe et des circonstances qui ont donné lieu à la transaction. Les administrations fiscales pourraient s'appuyer sur cette information pour demander des informations dans le cadre des accords d'échange de renseignements conclus avec d'autres juridictions (par exemple au titre d'une convention de double imposition prévoyant l'échange de renseignements, de la convention multilatérale concernant l'assistance administrative mutuelle ou d'un accord d'échange de renseignements fiscaux).

Obligation déclarative incombant à la fois au contribuable et au conseiller de référence ou les deux

253. Comme pour les montages fiscaux limités à un pays, les pays devraient décider si l'obligation déclarative pour les montages internationaux devrait incomber soit au contribuable, soit au fiscaliste, ou aux deux. Les obligations déclaratives qui incombent au fiscaliste seront définies pour s'appliquer à toute personne ayant joué un rôle significatif de conseiller vis-à-vis le contribuable ou un rôle d'intermédiaire relativement à une transaction interne qui fait partie de ce dispositif. Comme pour les règles relatives à l'obligation déclarative internes, il sera primordial qu'en définissant la portée de la définition d'un conseiller de référence ou d'un intermédiaire il importe de veiller à ce qu'elle s'applique aux personnes dont on s'attend à ce qu'elles aient connaissance des conséquences fiscales du dispositif, mais qu'elle exclue ces conseillers de référence ou intermédiaires qui autrement ignoreraient le résultat transfrontalier ou de la transaction interne qui déclenchent l'application des règles relatives à l'obligation déclarative dans la juridiction déclarante.

Informations demandées

254. Les informations qui devraient faire l'objet d'une obligation déclarative concernant les montages fiscaux internationaux seront en général les mêmes que celles demandées pour les montages limités à un pays. Elles devront inclure de l'information concernant le dispositif dans la mesure où cette information est pertinente en termes d'impacts fiscaux dans la juridiction déclarante et doivent inclure les dispositions clés de la loi étrangère qui sont pertinentes au résultat transfrontalier.

255. Dans le cadre des travaux sur le suivi des résultats du projet BEPS, les pays peuvent prendre en considération si l'information demandée relativement aux montages internationaux peut être normalisée afin de minimiser les coûts de mise en conformité qui peuvent découler des obligations déclaratives qui se chevauchent et qui sont imposées par des juridictions différentes concernant le même montage.

Exemple – dispositif hybride importé intragroupe

256. L'exemple suivant, tiré des faits décrits dans l'exemple 8.2 du Rapport intitulé *Neutraliser les effets des dispositifs hybrides, Action 2 – Rapport final 2015* (Rapport sur les montages hybrides, OCDE, 2016), illustre la manière dont les recommandations sur la déclaration de montages fiscaux internationaux pourraient s'appliquer à un dispositif hybride importé.

257. Dans cet exemple, E Co, société résidente du pays E, est une filiale opérationnelle du Groupe ABCDE. E Co fabrique de l'équipement industriel qui est vendu à des clients tiers. Les transactions que E Co conclut avec d'autres membres du groupe consistent principalement en des paiements effectués par E Co pour services intragroupe. La structure du groupe est illustrée dans le graphique ci-dessous.

Graphique 3.1. **Dispositif hybride importé intragroupe**

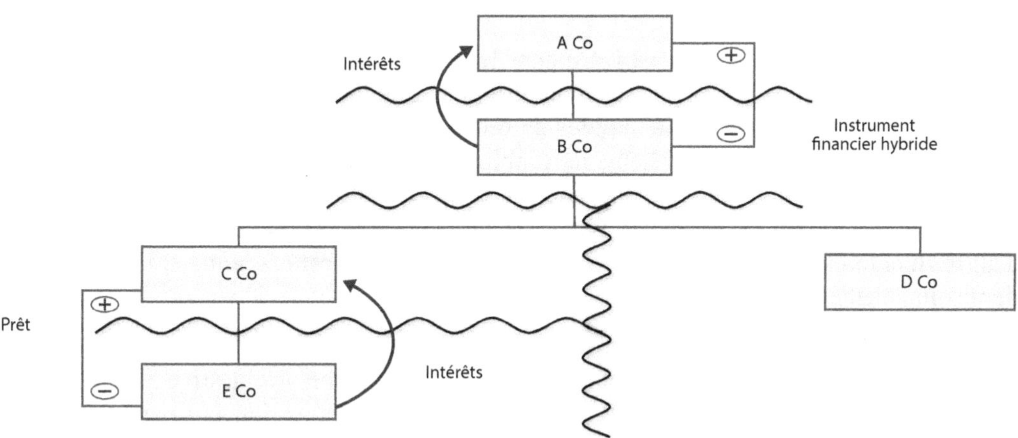

258. A Co, une société résidente du pays A aux fins fiscales, est la société mère du groupe. A Co est propriétaire de toutes les actions de B Co, société holding (portefeuille) résidente du pays B aux fins fiscales. B Co est propriétaire de toutes les actions de C Co et D Co qui sont résidents des pays C et D respectivement aux fins fiscales. E Co est une filiale à propriété exclusive de C Co.

259. B Co est responsable de la gestion des opérations de financement du groupe et emprunte régulièrement de l'argent aux autres membres du groupe et leur en prête. Dans le cadre de ces opérations de financement B Co emprunte de l'argent à A Co en se servant d'un instrument financier hybride. Étant donné que les paiements d'intérêt effectués au titre de l'instrument financier hybride sont déductibles par B Co mais ne sont pas intégrés dans le revenu aux termes de la législation du pays A, il s'agit d'un résultat de déduction/absence d'inclusion. E Co est recapitalisé par C Co avec un financement sous forme de dette additionnelle en même temps ou à peu près au même moment où B Co emprunte de l'argent à A Co en vertu de l'instrument financier hybride.

260. Le pays E a appliqué les recommandations concernant l'obligation déclarative de montages fiscaux internationaux. Un résultat de déduction/absence d'inclusion dans le cadre d'un instrument financier hybride est un des résultats transfrontaliers qui doit être divulgué en vertu du régime de communication obligatoire d'informations du pays E. On s'attend à ce que E Co ait aussi mis en place les recommandations énoncées dans le Rapport sur

les montages hybrides (OCDE, 2016), notamment les recommandations sur les dispositifs hybrides importés. La règle sur les instruments hybrides importés neutralise l'impact de tout résultat de déduction/absence d'inclusion généré par un dispositif hybride importé dans le pays E par l'entremise du paiement d'intérêts sur le prêt consenti par C Co. Toutefois, comme signalé ci-dessous, le pays E peut lui-même s'assurer que la règle sur les instruments hybrides importés soit appliquée correctement et faire le suivi de l'efficacité des règles hybrides pour faire face au risque indirect que posent de tels dispositifs pour l'assiette fiscale du pays E.

Question

261. L'accord de financement conclu entre A Co et B Co est-il un montage soumis à l'obligation déclarative en vertu de la loi du pays E ? Quelles obligations déclaratives devraient être imposées à E Co puisqu'il n'est partie directe à aucun dispositif hybride ?

Réponse

262. Si les paiements d'intérêts de E Co dans le cadre du prêt intragroupe sont déductibles en vertu de la loi du pays E et que les montants de ces déductions sont importants aux fins fiscales, E Co devra faire des demandes de renseignements raisonnables relativement au dispositif plus large qui a donné lieu à la recapitalisation et établir si ces dispositifs incluent un résultat transfrontalier. E Co devra notifier sa propre autorité fiscale conformément aux règles relatives à l'obligation déclarative du pays E dans les cas où l'information fournie par d'autres membres du groupe en réponse à une telle demande est inadéquate, incomplète ou déraisonnablement tardive.

263. L'information fournie par les membres du groupe concernant le dispositif plus large et les résultats transfrontaliers peut entrainer une obligation déclarative pour E Co et pour tout conseiller de référence s'il apparaît que la recapitalisation fait partie du même dispositif qui a donné lieu au dispositif hybride.

Analyse

Le résultat déduction/absence d'inclusion dans le cadre de l'instrument financier hybride est un résultat transfrontalier

264. Le résultat déduction/absence d'inclusion engendré par un instrument financier hybride est identifié comme étant un résultat transfrontalier en vertu du régime de communication obligatoire d'informations du pays E. Il n'est pas nécessaire que E Co soit partie directe de ce résultat déduction/absence d'inclusion pour déclencher les obligations déclaratives en vertu de la loi du pays E. De fait, dans ce cas, si E Co avait été directement associé à l'instrument financier hybride, le résultat fiscal hybride aurait été neutralisé en vertu des règles sur le dispositif hybride du pays E et il n'y aurait pas eu de résultat transfrontalier à déclarer pour E Co dans le cadre du régime de communication obligatoire d'informations.

Le résultat transfrontalier et la recapitalisation de E Co sont susceptibles de constituer une partie d'un dispositif plus large

265. C Co fournit un financement additionnel sous forme de dette à E Co au même moment ou à peu près au même moment que B Co emprunte de l'argent à A Co dans le cadre d'un instrument financier hybride. Les faits de cet exemple ne donnent pas suffisamment d'informations pour déterminer si la recapitalisation de E Co fait partie du même dispositif

que l'instrument financier hybride ; toutefois, en se référant à la définition de dispositif dans son sens large et étant donné que les deux transactions sont de nature financière et ont eu lieu à peu près au même moment, il peut être raisonnable d'inférer en l'absence de preuves du contraire, que les deux transactions faisaient, en fait, partie du même dispositif.

La recapitalisation de E Co entraine une vérification raisonnable et impose une exigence de notification

266. Dans certains cas, un membre du groupe tel que E Co n'aura pas connaissance de l'existence d'un dispositif financier plus large ou que celui-ci inclut un résultat transfrontalier. C'est particulièrement le cas dans le contexte de filiales opérationnelles comme E Co où les transactions avec d'autres membres du groupe impliquent principalement des paiements (déductibles) pour services intragroupe.

267. Les relatives à l'obligation déclarative du pays E exigent de la part du contribuable qui participe à une transaction avec les membres d'un groupe qu'il fasse des vérifications et donne des notifications raisonnables lorsque ces transactions ont un impact fiscal significatif ou risquent d'en avoir un en vertu de la loi du pays E. En conséquence, si la transaction de recapitalisation donne lieu à d'importants paiements d'intérêt déductibles à un membre du groupe, alors E Co ne sera pas soumis à l'obligation de faire des vérifications pour savoir si la recapitalisation fait partie du dispositif ou s'il inclut un résultat transfrontalier. Si les membres du groupe ne peuvent ou ne veulent pas fournir cette information dans un délai raisonnable, alors E Co devra notifier l'administration fiscale de son incapacité à obtenir plus d'informations concernant les dispositifs qui ont donné lieu au refinancement.

Exigences de vérifications et de notifications non déclenchées si le paiement d'intérêt est assujetti à un ajustement complet en vertu des règles sur les instruments hybrides importés

268. Comme discuté précédemment, les règles sur les instruments hybrides incluent une règle sur les dispositifs hybrides importés conçue pour protéger l'intégrité de la règle sur les instruments hybrides en empêchant les contribuables de concevoir un instrument hybride étranger (qui aboutit à une déduction/absence d'inclusion en vertu d'un instrument financier hybride) puis en important ses effets dans la juridiction interne à travers un instrument non hybride tel un prêt ordinaire.

269. Dans ce cas, la règle sur les instruments hybrides peut s'appliquer pour refuser une déduction de l'intégralité du montant des intérêts payés sur le prêt. Si tel est le cas, les paiements d'intérêts faits à C Co n'auront pas d'impact fiscal significatif dans le pays E et conséquemment, E Co ne sera pas assujetti à l'obligation de faire des vérifications concernant le dispositif qui a donné lieu au prêt ou de déclarer, en vertu des règles relatives à l'obligation déclarative dans le pays E. Comme discuté plus en détail dans le Rapport sur les instruments hybrides, il peut y avoir un certain nombre de motifs qui expliquent pourquoi le paiement d'intérêts à C Co n'est pas soumis au plein ajustement en vertu de la règle sur les instruments hybrides importés. Ces motifs incluent :

- L'instrument financier hybride fait partie d'un dispositif structuré impliquant un contribuable d'une autre juridiction et le résultat fiscal hybride est complètement neutralisé par l'ajustement fait dans le cadre de la règle sur les instruments hybrides importés dans cette juridiction.

- Le pays C a également mis en place les règles sur les instruments hybrides de sorte qu'aucun hybride ne découle des faits de cette situation.
- Le montant des dépenses d'intérêts encourus par E Co dans le cadre du prêt excède la déduction en vertu de l'instrument financier hybride ou les paiements imposables faits par A Co à B Co.

270. Dans chacun de ces cas, le pays E a un intérêt à assurer que la règle sur les instruments hybrides importés soit appliquée correctement et à surveiller l'efficacité de ces règles en luttant contre le risque indirect que posent de tels dispositifs à la base d'imposition du pays E. Par conséquent, la règle de l'obligation déclarative continuera de s'appliquer dans les cas où, après application de la règle sur les instruments hybrides importés, le montant d'intérêt déductible payé par E Co à C Co excède les seuils d'importance établis par la loi du pays E.

Déclaration uniquement requise si E Co pouvait raisonnablement connaître le dispositif et le résultat transfrontalier

271. Le régime de communication obligatoire d'informations du pays E s'applique uniquement lorsqu'on peut raisonnablement s'attendre à ce que E Co ait connaissance du résultat transfrontalier dans le cadre du dispositif de financement. On peut raisonnablement s'attendre à ce qu'une personne ait connaissance d'un dispositif lorsque celle-ci a suffisamment d'informations concernant le dispositif pour lui permettre de comprendre sa conception de base et de appréhender ses conséquences fiscales dans leur ensemble. L'information qui déclenche une obligation déclarative inclut toute information obtenue par E Co au moyen de demandes de renseignements raisonnables décrites ci-dessus.

L'obligation déclarative incombant à la fois au contribuable et au conseiller de référence ou aux deux

272. Comme pour les montages limités à un pays, la déclaration sera exigée des conseillers de référence de E Co et/ou du contribuable relativement à la recapitalisation.

Informations soumises à l'obligation déclarative

273. E Co et ses conseillers devraient déclarer l'information concernant le dispositif et le résultat transfrontalier (incluant les dispositions clé de la loi étrangère concernant ce résultat) ainsi que l'impact fiscal direct ou indirect du dispositif et du résultat transfrontalier sur la situation fiscale de E Co. Dans le contexte d'un dispositif hybride importé, le calcul de tout ajustement requis en vertu de la règle sur les dispositifs importés sera inclus.

274. Pour éviter les coûts de mise en conformité inutiles un contribuable ne devrait pas avoir à déclarer la même information qui a déjà été soumise complètement et équitablement dans le cadre d'une autre obligation déclarative interne. Par exemple, les règles relatives à l'obligation déclarative devraient permettre à un contribuable d'incorporer, par référence, l'information sur les accords préalables en matière de prix de transfert et sur les autres décisions de nature fiscale qui a déjà été fournie ou rendue accessible à un pays dans le cadre de l'action 13.

275. Dans certains cas, l'information importante concernant le dispositif peut se trouver à l'étranger et peut faire l'objet de mesures de confidentialité ou d'autres restrictions qui s'opposent à sa communication à la personne soumise à l'obligation déclarative. Dans ce cas, la personne qui déclare l'information devra certifier à l'administration fiscale, comme faisant partie de l'obligation déclarative, qu'une demande pour cette information a été faite à la partie appropriée.

Bibliographie

OCDE (2016), *Neutraliser les effets des dispositifs hybrides, Action 2 – Rapport final 2015*, Éditions OCDE, Paris, http://dx.doi.org/10.1787/9789264255104-fr.

OCDE (2013), *Plan d'action concernant l'érosion de la base d'imposition et le transfert de bénéfices*, Éditions OCDE, Paris, http://dx.doi.org/10.1787/9789264203242-fr.

Chapitre 4

Partage de l'information

Développements concernant l'échange d'informations

276. Depuis longtemps, l'OCDE favorise une plus grande coopération fiscale et de meilleurs échanges d'informations entre les autorités fiscales. Une percée majeure vers une plus grande transparence fiscale a été réalisée en 2009 avec l'échange d'informations sur demande devenu la norme internationale. Ce fut aussi l'année où le Forum mondial sur la transparence et l'échange de renseignements à des fins fiscales a été restructuré et a commencé à surveiller l'application des normes dans le cadre d'un processus approfondi d'examen par les pairs. Un autre changement radical relativement à la transparence fiscale internationale a eu lieu en 2014 avec l'approbation de la Norme d'échange automatique de renseignements relatifs aux comptes financiers (OCDE, 2014).

277. Les ententes bilatérales et multilatérales entre juridictions serviront de base juridique pour l'échange d'informations et seront généralement fondées sur des modèles comme l'article 26 du Modèle de Convention fiscale concernant le revenu et la fortune (Modèle de Convention fiscale de l'OCDE, OCDE, 2010a) et l'Accord sur l'échange de renseignements en matière fiscale (OCDE, 2002). La Convention multilatérale concernant l'assistance administrative mutuelle en matière fiscale, amendée par le Protocole de 2010 (Convention multilatérale, OCDE, 2010b) fournit une base indépendante pour l'échange d'information. Cette Convention multilatérale prévoit toutes les formes possibles de coopération administrative entre les États et contient des règles strictes en matière de confidentialité et d'usage approprié de l'information. À compter du 1er juillet 2015, 86 juridictions participent à la Convention multilatérale[1], y compris tous les pays du G20.

Transparence et échange d'informations dans le cadre du Plan d'action

278. Le Plan d'action reconnaît le besoin d'améliorer la transparence et l'échange d'informations. Un des effets de la mondialisation est l'adoption de modèles économiques mondiaux qui impliquent des chaines d'approvisionnement intégrées et la centralisation des fonctions essentielles tant au niveau régional qu'au niveau international. Comme ces modèles entrainent des risques d'érosion de la base d'imposition et de transfert de bénéfices tout en rendant plus difficile le travail de l'administration fiscale. Les pays reconnaissent que les efforts pour taxer de telles entreprises dans les juridictions appropriées sur la base de montants exacts de revenus et de gains ne peuvent réussir sans coopération et collaboration à l'échelle mondiale.

279. Un certain nombre de mesures de transparence au titre du Plan d'action inclut des exigences relatives à l'échange d'informations. Le cadre développé par le Forum sur les pratiques fiscales dommageables dans le contexte du travail sur l'action 5 requiert l'échange

spontané obligatoire d'informations relativement aux décisions qui peuvent soulever des préoccupations concernant l'érosion de la base d'imposition et le transfert de bénéfices en l'absence d'un tel échange. Le cadre établit un processus en deux étapes : à la première étape, des informations de base relatives à la décision et aux personnes visées seraient fournies à une autre autorité fiscale conformément à l'instrument juridique applicable ; à la deuxième étape, l'autorité qui reçoit l'information peut demander des informations supplémentaires si celles-ci sont vraisemblablement pertinentes pour les affaires fiscales de leur contribuable.

280. Les instructions relatives à la mise en œuvre de la documentation des prix de transfert émises dans le cadre de l'action 13 exigent également des multinationales qu'elles fournissent aux autorités fiscales des informations de haut niveau sur leurs opérations commerciales à l'échelle mondiale et sur leurs politiques en matière de prix de transfert. Les instructions préconisent une approche normalisée à trois volets pour la documentation des prix de transfert. Cette norme consiste en *(1)* un fichier principal contenant des informations normalisées relatives à l'ensemble des membres du groupe d'entreprises multinationales ; *(2)* un fichier local faisant spécifiquement référence aux transactions importantes du contribuable local ; et *(3)* une déclaration pays par pays contenant certaines informations relatives à la répartition mondiale des bénéfices des entreprises multinationales et des impôts qu'elles acquittent, accompagnées de certains indicateurs concernant la localisation des activités du groupe d'entreprises multinationales. Les instructions relatives à la mise en œuvre de la documentation des prix de transfert et de la déclaration pays par pays sont inclues dans le rapport consolidé sur l'Action 13 (OCDE, 2015).

Expansion et réorganisation du Réseau JITSIC du Forum sur l'administration fiscale

281. Compte tenu de l'importance accordée à la transparence et à la coopération internationale améliorées pour la lutte contre l'érosion de la base d'imposition et le transfert de bénéfices et forts des progrès dans le domaine de l'échange d'informations, le Forum sur l'administration fiscale (FTA) a tenu sa première réunion du réseau nouvellement élargi, Joint International Tax Shelter Information and Collaboration Network (Réseau JITSIC), à Paris les 4 et 5 mars 2015.

282. Le Réseau JITSIC est une plateforme internationale ouverte sur une base volontaire aux administrations fiscales et qui donne l'opportunité de renforcer les relations pour permettre une coopération et une collaboration fondée sur des instruments juridiques existants. Les membres du Réseau JITSIC sont activement encouragés à échanger spontanément des informations en temps opportun sur les risques émergents qui peuvent être vraisemblablement pertinents pour les membres du Réseau. Ces informations peuvent inclure des informations obtenues en vertu d'un régime de communication obligatoire d'informations. L'échange d'informations en temps opportun n'est pas seulement important pour faire face aux risques liés aux recettes fiscales et engendrés par une planification fiscale transfrontalière agressive, mais il est aussi perçu comme un catalyseur favorisant une collaboration et une coopération étroites et accrues.

283. Le Réseau JITSIC offre un grand nombre d'avantages comparativement aux formes de coopération bilatérale traditionnelles.

Rôle actif dans l'échange d'informations

284. La participation au Réseau JITSIC implique de jouer un rôle actif dans le partage accru de renseignements, d'échanger spontanément les informations vraisemblablement

pertinentes et de mettre l'accent sur les échanges d'informations multilatéraux. Le Réseau JITSIC donne également l'opportunité aux administrations fiscales de fédérer l'expérience, les ressources et l'expertise d'un grand nombre d'administrations fiscales différentes pour traiter des enjeux communs.

Nomination d'un point de contact unique

285. Lorsqu'un pays adhère au Réseau JITSIC, il nomme un point de contact unique (SPOC, pour *Single Point of Contact*) comme étant le point de contact premier aux fins des activités du Réseau. Le SPOC ne participera pas nécessairement directement aux projets du Réseau JITSIC, mais il est la personne nommée par l'administration fiscale pour gérer la participation de l'administration fiscale au Réseau. Le fait d'avoir un SPOC comme contact principal pour les projets relatifs au Réseau JITSIC facilite les interactions et le processus d'échange d'informations et signifie qu'il y a au moins une personne dans chaque administration fiscale qui a la responsabilité de gérer et de surveiller la fréquence et la qualité des interactions de ce pays avec le Réseau JITSIC.

Mise en œuvre des meilleures pratiques

286. Le Réseau JITSIC offre une opportunité de vérifier les types de pratiques d'échange d'informations les plus efficaces et d'en faire la promotion en tant que meilleures pratiques. Les meilleures pratiques peuvent être suivies pour améliorer la qualité des interactions dans le cadre du Réseau et réduire la nécessité pour les administrations fiscales de négocier un cadre de coopération avec d'autres pays chaque fois qu'ils souhaitent collaborer sur un projet.

Soutien du Secrétariat

287. Le Réseau JITSIC est soutenu par le Secrétariat du FTA. Le Secrétariat ne participe pas activement aux interactions du Réseau. Son rôle est d'assurer la fréquence et l'efficacité des interactions du Réseau et de faciliter le recueil et la communication d'informations. Le soutien du Secrétariat inclut la maintenance d'un site Internet sécurisé et la communication aux points de contact, à intervalles périodiques, de rapports et de mises à jour concernant les activités du Réseau. Le partage de ces informations sur une plateforme commune accroît le potentiel d'interaction et de collaboration multilatérale et permet de réunir des informations sur les meilleures pratiques et sur les risques fiscaux émergents et de les transmettre à l'ensemble des membres du Réseau.

Échange d'informations sur la planification fiscale agressive et autres risques de BEPS

288. Le Réseau JITSIC offre une plateforme fiable pour l'échange d'informations obtenues au cours de la communication obligatoire d'informations concernant un montage fiscal international et sert de forum pour une coopération et une collaboration approfondies entre administrations fiscales concernant les questions émergentes identifiées soulevées par ces déclarations et échanges.

289. Le Réseau JITSIC offre aux administrations fiscales un moyen efficace et fiable d'obtenir des informations supplémentaires concernant les structures étrangères qu'une administration fiscale considère comme susceptibles de donner lieu à des risques d'érosion de la base d'imposition et de transfert de bénéfices tels que ceux identifiés dans l'action 2 (Neutraliser les effets des dispositifs hybrides) et l'action 6 (Empêcher l'utilisation abusive

des conventions fiscales). Il offre également aux pays l'occasion de collaborer avec d'autres membres du JITSIC pour veiller à ce que les multinationales soient imposées dans les juridictions appropriées et sur les montants exacts de leurs bénéfices.

Note

1. Juridictions qui participent à la Convention concernant l'assistance administrative mutuelle en matière fiscale : www.oecd.org/ctp/exchange-of-tax-information/Status_of_convention.pdf.

Bibliographie

OCDE (2015), *Documentation des prix de transfert et déclaration pays par pays, Action 13 – Rapport final 2015*, Projet Base Erosion and Profit Shifting (OCDE/G20), Éditions OCDE, http://dx.doi.org/10.1787/9789264248502-fr.

OCDE (2014), *Norme d'échange automatique de renseignements relatifs aux comptes financiers en matière fiscale*, Éditions OCDE, http://dx.doi.org/10.1787/9789264222090-fr.

OCDE (2010a) *Modèle de Convention fiscale concernant le revenu et la fortune : version abrégée 2010*, Éditions OCDE, http://dx.doi.org/10.1787/mtc_cond-2010-fr.

OCDE (2010b), *La Convention multilatérale concernant l'assistance mutuelle en matière fiscale,* modifiée par le Protocole de 2010, Éditions OCDE, http://dx.doi.org/10.1787/9789264115682-fr.

OCDE (2002), *Accord sur l'échange de renseignements en matière fiscale.* www.oecd.org/fr/fiscalite/echange-de-renseignements-fiscaux/33977677.pdf.

Annexe A

Précisions sur le concept de mise en place d'un montage au Royaume-Uni

Dans le cas de montages commercialisés, la législation britannique prévoit la déclaration lorsque le schéma est « prêt à mettre en œuvre ».

On considère qu'un montage est « **prêt à mettre en œuvre** » lorsque toutes les conditions nécessaires à son utilisation sont réunies et lorsqu'un client est informé qu'il peut envisager d'effectuer des opérations dans le cadre de ce montage. Il n'est pas nécessaire que tous les détails du montage aient été communiqués.

Un montage est considéré comme prêt à utiliser quand :

- sa conception est totalement achevée ;
- son utilisation est possible en pratique ;
- un fiscaliste communique à des clients potentiels des informations donnant à penser que ces derniers envisagent d'effectuer des opérations dans le cadre du montage.

La conception repose habituellement sur un certain nombre d'éléments (par exemple un partenariat, un prêt, des contributions de partenaires, l'acquisition d'actifs) structurés de manière à procurer l'avantage fiscal attendu. Le dispositif ne peut être effectivement utilisé que lorsque la préparation « concrète » de ces différents éléments est achevée. Si par exemple la conception prévoit le recours à un prêt, le montage ne pourra être utilisé que quand un prêteur aura signifié son accord et mis les fonds à disposition.

Selon cette définition, un montage peut être considéré comme prêt à utiliser lorsqu'un fiscaliste communique à un client ce qui constitue en substance une offre dont la conception est achevée et assortie des détails suffisants pour considérer que le client se trouve en mesure d'évaluer l'avantage fiscal recherché et de décider d'adhérer ou non au montage.

Le test visant les montages « prêt à mettre en œuvre » avait pour but de soumettre un montage à une obligation déclarative dès un stade précoce de sa commercialisation. Cependant, il est apparu que certains fiscalistes faisaient en sorte de retarder la communication d'informations, interprétant la législation au pied de la lettre afin de préserver les possibilités d'évasion fiscale avant que l'administration soit en mesure de réagir aux déclarations. Au Royaume-Uni, l'administration fiscale a observé que certains fiscalistes reportaient la déclaration pratiquement jusqu'au moment de l'utilisation d'un montage. Dans ces conditions, la mise en œuvre pratique de cette disposition ne correspondait pas à l'objectif recherché.

C'est pourquoi le Royaume-Uni a institué le critère de l'« **offre commerciale ferme/ prospection** » pour s'assurer qu'un montage commercialisé soit soumis à l'obligation déclarative dès qu'un fiscaliste en organise la commercialisation auprès de clients potentiels, ce qui répond bien à l'objectif recherché. À ce stade, le fiscaliste a simplement établi un contact commercial : on entend ainsi garantir qu'un montage fasse l'objet d'une communication obligatoire d'informations dès qu'un fiscaliste prend des dispositions pour à le commercialiser auprès de clients potentiels. Ce test a vocation à être appliqué avant le critère qui établit si un montage est « prêt à mettre en œuvre ».

Annexe B

Compatibilité entre auto-incrimination et communication obligatoire d'informations

Les informations qu'un contribuable est tenu de transmettre en vertu d'un régime de communication obligatoire d'informations ne vont en général pas au-delà de ce que l'administration peut exiger dans le cadre du contrôle d'une déclaration fiscale. En conséquence, au regard du droit à ne pas contribuer à sa propre incrimination, le fait soumettre à une obligation déclarative des opérations visant à échapper à l'impôt ne devrait pas poser un plus grand problème que les autres obligations en matière de communication d'informations instituées par ailleurs.

Objet et portée

En outre, dans de nombreux pays, les catégories d'opérations ciblées par l'obligation déclarative ne sont en général pas celles qui relèvent de poursuites pénales. Les régimes de communication obligatoire d'informations ont pour finalité d'obtenir rapidement des renseignements sur des mécanismes de planification fiscale agressive (et potentiellement abusive) qui exploitent souvent les failles de la législation ou ont recours à des dispositions législatives à des fins autres que celles prévues. La fraude fiscale se distingue de l'évasion fiscale par son objet et sa portée. Elle consiste en une violation directe de la législation fiscale et peut se caractériser par la dissimulation délibérée de la véritable situation d'un contribuable en vue de payer moins d'impôt. Si les modalités de fraude fiscale varient selon les pays, on peut citer des exemples à caractère général comme l'application d'exonérations et de déductions infondées, la non-déclaration de revenus, le manquement délibéré aux obligations de retenue à la source, etc., qui peuvent donner lieu à des poursuites pénales.

Procédure pénale

La question de l'auto-incrimination peut aussi se poser lorsqu'un contribuable est tenu de communiquer à l'administration fiscale des informations relatives à un montage potentiellement illicite tandis qu'une procédure pénale est en cours contre lui. En pareilles circonstances, les autorités fiscales peuvent souhaiter déterminer si les procédures pénales ont commencé ou si elles sont à l'étude au moment où naît l'obligation déclarative.

Toutefois, les régimes de communication obligatoire d'informations prévoient en général que les renseignements relatifs à un montage peuvent être communiqués avant la mise en œuvre effective de celui-ci. On peut considérer la déclaration en temps opportun comme faisant partie des activités ordinaires de recueil de renseignements à des fins fiscales. Si des informations sont recueillies par l'administration dans un but exclusivement fiscal, les contribuables ne peuvent invoquer le droit à ne pas contribuer à leur propre incrimination lorsqu'ils s'acquittent de leurs obligations déclaratives concernant un montage visant à échapper à l'impôt.

Compatibilité de l'obligation déclarative avec le droit à ne pas contribuer à sa propre incrimination

L'obligation déclarative est en général compatible avec le droit à ne pas contribuer à sa propre incrimination. Toutefois, les pays qui prévoient des sanctions pénales pour les contribuables se livrant à certaines opérations d'évasion fiscale pourraient choisir de simplement exclure ces opérations du champ d'application sans limiter sensiblement la portée du régime. Par ailleurs, la question de l'auto-incrimination ne devrait pas se poser quand l'obligation déclarative incombe au fiscaliste et non au contribuable sauf dans les cas où le fiscaliste pourrait encourir une responsabilité pénale pour la promotion ou la facilitation d'un montage.

En outre, si dans un pays un contribuable est passible de poursuites pénales au motif qu'il a effectué certaines opérations soumises à l'obligation déclarative, ce pays peut choisir de préciser que le droit à ne pas contribuer à sa propre incrimination constitue un motif raisonnable pour ne pas déclarer une opération de cette nature. Par exemple, les pays estimeront qu'un contribuable a un motif raisonnable de ne pas déclarer un montage qui peut être assimilé à une fraude fiscale passible de poursuites pénales.

Annexe C

Interaction des sanctions et de l'obligation déclarative

I. Royaume-Uni

Les sanctions prévues par le régime DOTAS (déclaration des montages ayant pour objet l'évasion fiscale) sont distinctes de celles susceptibles d'être infligées à un contribuable qui introduit dans sa déclaration un élément aboutissant à une sous-évaluation de l'impôt dû.

Le site Internet de l'administration fiscale britannique donne des informations sur les sanctions auxquelles expose le non-respect du régime DOTAS[1].

Quand un montage relève de l'une des catégories pour lesquelles l'utilisateur est tenu par les règles du régime DOTAS d'établir une déclaration, ce dernier est sanctionné s'il omet de le faire sans motif raisonnable. Cette sanction s'applique même lorsqu'un montage n'a pas généré les avantages fiscaux attendus. De même, quand l'utilisateur d'un montage couvert par le régime DOTAS ne mentionne pas le numéro de référence de ce montage dans sa déclaration fiscale, il encourt une sanction, indépendamment du fait que le montage ait, ou pas, produit les résultats attendus.

Le manuel de mise en conformité établi par l'administration fiscale britannique décrit les sanctions applicables en cas de transmission d'informations inexactes, notamment dans les déclarations[2].

Les sanctions pour indications inexactes s'appliquent que le contribuable ait agi en faisant preuve de négligence ou de manière délibérée ; elles sont calculées par référence au montant de l'impôt sous-évalué, qualifié de perte potentielle de recettes. Le contribuable n'est pas automatiquement sanctionné s'il déclare avoir utilisé un mécanisme d'évasion fiscale qui s'est avéré ensuite inopérant. En effet, il n'est généralement pas approprié de prononcer une sanction si une inexactitude a été commise sur le fondement d'une interprétation raisonnablement défendable de la loi qui n'a pas été validée par la suite[3].

Toutefois, si un contribuable n'est pas en mesure de démontrer qu'il a bien pris soin de s'assurer qu'un montage soumis à déclaration s'appuyait sur une interprétation raisonnablement défendable de l'application de la loi à son cas, il risque d'être sanctionné. Mais la sanction n'est pas directement liée à l'utilisation d'un montage soumis à l'obligation déclarative. La situation serait exactement la même si le contribuable avait utilisé un montage non couvert par le régime DOTAS sans prendre de précautions raisonnables.

Un montage peut aussi entrer dans le champ de la fraude fiscale s'il suppose la communication par d'informations erronées un contribuable. Ici encore, le contribuable encourt une sanction, voire des poursuites pénales, mais ce serait pour avoir agi de façon frauduleuse ou malhonnête dans le but d'échapper à l'impôt, non pour avoir utilisé un montage soumis à déclaration.

II. États-Unis

L'article 6662 du code américain des impôts impose de sanctionner tout paiement insuffisant, attribuable à la négligence ou au mépris des règles ou règlements, une sous-estimation du revenu dans les déclarations, une déclaration inexacte relativement à l'impôt sur le revenu, des opérations sans fondement économique et des sous-évaluations d'actifs financiers étrangers non déclarés, ce qui peut inclure les sous-évaluations attribuables aux abris fiscaux. L'article 6662A de l'IRC impose une sanction pour inexactitude applicable aux sous-évaluations des opérations qui font l'objet d'une obligation déclarative au titre des exercices clos après le 22 octobre 2004. Pour donner lieu à une sanction au titre de l'article 6662A, la sous-évaluation doit concerner une opération répertoriée sur une liste officielle (appartenant à une catégorie d'opérations soumises à déclaration) ou toute autre opération couverte par une obligation déclarative si l'un de ses objectifs principaux est l'évasion ou la fraude à l'égard de l'impôt fédéral sur le revenu. Les sanctions prévues par les articles 6662 et 6662A ne peuvent s'appliquer simultanément au titre d'un même élément d'un paiement insuffisant (en d'autres termes, le « cumul » des articles 6662 et 6662A n'est pas permis).

La sanction prévue à l'article 6662A du code des impôts s'élève à 20 % de la sous-évaluation de l'opération déclarable quand cette opération a été correctement déclarée et à 30 % dans le cas contraire.

Si des contribuables omettent de déclarer une opération qui doit l'être, ils peuvent aussi perdre la possibilité d'invoquer que le traitement fiscal de cette opération avait un motif raisonnable (ce qui, dans le cas contraire, serait l'un des moyens de défense pour éviter une application de la sanction). La pénalité prévue par la section 6662A, à la différence de celle prévue par la section 6662, peut s'appliquer même si un contribuable enregistre des pertes durant l'exercice fiscal concerné, n'est redevable d'aucune somme au titre d'un impôt ou d'un paiement insuffisant.

La sanction prévue à l'article 6662A du code des impôts est assortie de règles spéciales de coordination avec d'autres sanctions pouvant s'appliquer à une opération soumise à déclaration. Ces règles ont généralement pour effet l'application d'une seule sanction pour déclaration fiscale inexacte.

Outre les sanctions pour déclaration inexacte, l'article 6707A du code des impôts impose une sanction au contribuable en prévoit une pour non déclaration d'une opération soumise à déclaration. Elle ne se substitue pas aux sanctions pour sous-évaluation ou paiement insuffisant.

Notes

1. www.hmrc.gov.uk/aiu/dotas-guidance.pdf – À partir de la page_133 (accès le 14 juin 2015).
2. www.hmrc.gov.uk/manuals/chmanual/Index.htm (accès le 14 juin 2015).
3. www.hmrc.gov.uk/manuals/chmanual/CH81130.htm (accès le 14 juin 2015).

Annexe D

Pouvoirs de réclamation d'informations dans le régime de déclaration des mécanismes d'évasion fiscale en vigueur au Royaume-Uni (DOTAS)

Une administration fiscale peut demander des prérogatives supplémentaires de recueil d'informations pour faire respecter le régime d'obligations déclaratives.

De telles prérogatives de recueil d'informations peuvent permettre aux autorités fiscales de :

- rechercher la cause de la non-déclaration d'un montage ;
- demander la transmission d'informations ou de documents supplémentaires ;
- obtenir auprès d'un intermédiaire des informations permettant d'identifier le fiscaliste ayant mis en place un montage ; et
- demander des précisions à propos d'une déclaration incomplète et l'identité de l'utilisateur final d'un dispositif.

Pour pouvoir utiliser la plupart des pouvoirs susmentionnés, l'administration britannique doit avoir des motifs raisonnables de soupçonner une personne de ne pas respecter les obligations légales concernant un montage particulier.

I. Rechercher la cause de la non-déclaration d'un montage

L'administration britannique peut demander à une personne soupçonnée d'être intervenue comme fiscaliste ou intermédiaire en relation avec un montage soumis à déclaration d'exposer les raisons pour lesquelles cette personne estime être dispensée de l'obligation déclarative.

Une telle demande d'informations peut être adressée à un intermédiaire parce que l'on ne sait pas toujours si la personne qui fait de la publicité pour un montage auprès d'acquéreurs potentiels est le fiscaliste qui l'a mis au point ou un simple intermédiaire.

Si la personne à laquelle s'adresse l'administration est un **intermédiaire**, celui-ci répond habituellement qu'il n'est pas le fiscaliste qui a mis en place le montage, est n'est donc pas concerné par l'obligation déclarative. Il est tenu de donner des précisions suffisantes sur son rôle à l'égard du montage pour permettre à l'administration fiscale britannique de confirmer cette affirmation. Dans ses explications, il n'est pas formellement tenu de donner l'identité du fiscaliste. Si les coordonnées du fiscaliste ne sont pas communiquées, l'administration fiscale britannique dispose d'autres prérogatives lui permettant de les exiger de la personne qui lui a donné des informations sur le montage, comme indiqué ci-après.

Si la personne est le **fiscaliste** ayant mis en place le montage, elle doit, si on le lui demande, expliquer pourquoi elle estime qu'elle n'avait pas à le déclarer. La réponse ne peut se limiter au seul argument qu'un juriste ou un autre spécialiste s'est prononcé en ce sens. Au lieu de cela, le fiscaliste doit effectuer toutes les vérifications juridiques appropriées.

Lorsque le fiscaliste soutient que le dispositif ne présente aucun des marqueurs existants, ses explications doivent être assez précises pour que l'administration fiscale puisse s'en assurer.

Les informations demandées à ce stade préliminaire sont celles nécessaires pour vérifier si un montage est ou non couvert par l'obligation déclarative et non une description des modalités de son fonctionnement.

II. Demander la transmission d'informations ou de documents supplémentaires

L'administration fiscale britannique peut demander à une personne de lui fournir certaines informations ou certains documents à l'appui des raisons invoquées selon lesquelles un montage ne serait pas soumis à déclaration.

III. Obtenir auprès d'un intermédiaire des informations permettant d'identifier le fiscaliste ayant mis en place un montage

Lorsque l'administration fiscale britannique soupçonne une personne d'agir comme intermédiaire en lien avec un montage couvert par une obligation déclarative mais qui n'a pas été déclaré, elle peut exiger que cette personne lui communique le nom et l'adresse du tiers qui lui a fourni des informations sur ce montage. Ce tiers peut être le fiscaliste ou un autre intermédiaire. L'administration n'usera de cette prérogative officielle que si l'intermédiaire ne révèle pas spontanément l'identité du fiscaliste.

IV. Demander des précisions à propos d'une déclaration incomplète

Si l'administration fiscale britannique a la conviction que le fiscaliste à l'origine d'un montage fiscal n'a pas donné toutes les informations requises au titre d'une déclaration, elle est en droit de lui réclamer des renseignements spécifiques et/ou des documents en rapport.

V. Demander des précisions à propos de l'identité de l'utilisateur final d'une offre ou d'un dispositif

Si l'administration fiscale britannique soupçonne qu'une personne figurant sur une liste de clients n'est pas l'utilisateur d'une offre de montage mais un intermédiaire, elle peut demander au fiscaliste de lui fournir des informations supplémentaires. Le fiscaliste est uniquement tenu de transmettre les informations en sa possession au moment où il reçoit la notification réclamant des précisions. Les renseignements requis sont :

- le nom et l'adresse de toute personne figurant sur la liste des clients qui serait susceptible de commercialiser le montage auprès d'autres personnes ou d'obtenir un avantage fiscal en l'utilisant;
- le numéro d'identifiant fiscal de cette personne;
- des éléments suffisants pour permettre à un agent de l'administration fiscale britannique de comprendre de quelle manière cette personne participe aux montages.

Annexe E

Comparaison entre les règles de communication obligatoire d'informations de différents pays

	Royaume-Uni	États-Unis	Irlande	Portugal	Canada	Afrique du Sud
Champ d'application	Impôt sur le revenu, impôt sur les bénéfices des sociétés, impôt sur les plus-values, cotisation nationale de sécurité sociale, droit de timbre, impôt foncier, impôt sur les successions (pour les « trusts »), impôt annuel sur les biens immobiliers détenus par des sociétés (*Enveloped Dwellings*).	Impôt sur le revenu, impôt sur les bénéfices des sociétés, impôts sur les successions et les donations, autres impôts fédéraux	Impôt sur le revenu, impôt sur les bénéfices des sociétés, impôts sur les plus-values, impôt sur les successions et les donations, taxe sur la valeur ajoutée (TVA), cotisation sociale universelle, droits de timbre et droits d'accise (hors droits de douane)	Impôt sur le revenu, impôt sur les bénéfices des sociétés, TVA, impôt sur les biens immeubles, impôt sur les cessions de biens immeubles, droits de timbre	Impôt sur le revenu, impôt sur les bénéfices des sociétés	Impôt sur le revenu, impôt sur les donations, impôt sur les plus-values, TVA, tout autre impôt prévu par la législation et relevant du surintendant des finances
Qui déclare ?	**Le fiscaliste** *ou* **l'utilisateur** L'utilisateur est concerné quand le montage fiscal est conçu en interne, quand le fiscaliste est établi à l'étranger ou quand le secret professionnel s'applique. Définition du « **fiscaliste** » : personne qui, dans le cadre de son activité, est responsable de la conception, de la commercialisation, de l'organisation ou de la gestion d'un montage ou qui le met à la disposition d'une autre personne pour qu'elle l'utilise.	**Le fiscaliste (conseiller de référence)** *et* **le contribuable** Définition du « **conseiller de référence** » : toute personne qui fournit un concours, une assistance ou un conseil significatifs concernant l'organisation, la gestion, la promotion, la vente, la mise en œuvre, l'assurance ou l'exécution de toute opération soumise à déclaration et qui en tire, directement ou indirectement, un revenu brut supérieur à un seuil de 50 000 ou de 250 000 USD (ou de 10 000 ou de 25 000 USD) selon la catégorie de contribuables et la nature de l'opération soumise à déclaration.	**Le fiscaliste** *ou* **l'utilisateur** La règle générale est que le fiscaliste doit déclarer le montage. L'utilisateur doit déclarer quand le montage fiscal est conçu en interne, quand le fiscaliste est situé en dehors de l'Irlande *et* quand il n'y a pas de fiscaliste dans l'État ou quand le privilège de confidentialité professionnelle s'applique. Définition du « **fiscaliste** » : personne qui, dans le cadre de son activité, est responsable de la conception, de la commercialisation, de l'organisation ou la gestion d'un montage fiscal ou qui le met à la disposition d'une autre personne pour qu'elle l'utilise.	**Le fiscaliste** *ou* **l'utilisateur** L'utilisateur doit déclarer quand le montage est conçu en interne ou quand le fiscaliste est établi en dehors du Portugal. Un « **fiscaliste** » est une personne qui participe à la conception, à la mise en place ou mise en œuvre de tout montage visant à échapper à l'impôt.	**Le fiscaliste (conseiller)** *et* **le contribuable**[a] Le terme « **conseiller** » désigne une personne qui apporte à un tiers une protection contractuelle au titre d'une ou de plusieurs opérations, ou qui lui fournit une assistance ou des conseils concernant la création, la conception, la planification, l'organisation ou la mise en œuvre d'une ou de plusieurs opérations.	**Le fiscaliste** *ou* **l'utilisateur** L'obligation de déclarer les détails du montage fiscal incombe au fiscaliste. S'il n'y en a pas, elle incombe aux contribuables. Définition du « **fiscaliste** » : personne principalement responsable de l'organisation, de la conception, de la commercialisation, du financement ou de la gestion du montage soumis à déclaration.

	Royaume-Uni	États-Unis	Irlande	Portugal	Canada	Afrique du Sud
Qui déclare ? *(suite)*		En outre, le **contribuable** est tenu de donner des informations précises sur l'opération et les avantages fiscaux qu'il en attend dans un document distinct annexé à sa déclaration et la première fois que l'opération a été déclarée à l'OTSA.			Le terme « **fiscaliste** » désigne une personne qui : a) assure la promotion ou la vente d'un dispositif incluant une ou plusieurs opérations, ou s'y rapportant ; b) déclare ou affirme, dans le cadre de la promotion ou de la vente d'un dispositif, qu'un avantage fiscal pourrait en découler ; ou c) accepte une rémunération au titre d'un dispositif visé par a) ou b).	
Ce qui est déclaré	Les montages correspondant à **certaines descriptions** (qualifiées de marqueurs) censés procurer un **avantage principal de nature fiscale**. **Marqueurs actuels** • **trois marqueurs généraux** destinés à appréhender des caractéristiques révélatrices d'une évasion fiscale : i. confidentialité ; ii. prime de résultat ; iii. produit fiscal normalisé ; • **quatre marqueurs spécifiques** destinés à cibler les risques connus, par exemple la génération de pertes, le crédit-bail, les revenus du travail et l'impôt annuel sur les biens immobiliers détenus par des sociétés. • **Des descriptions distinctes** sont prévues pour le droit de timbre, l'impôt foncier et l'impôt sur les successions.	Une « **opération soumise à déclaration** » est une opération qui relève d'une des cinq catégories suivantes : i. opérations officiellement répertoriées ii. opérations confidentielles ; iii. opérations objet d'une protection contractuelle ; iv. opérations générant des pertes v. opérations « dignes d'attention » Une « opération répertoriée » est une opération identique ou sensiblement similaire à l'une de celles considérées par l'administration fiscale comme une opération d'évasion fiscale et qui a été désignée par un avis, un règlement ou une autre forme de publication officielle.	Les montages correspondant à l'une de quatre catégories **décrites spécifiquement** qui sont censés procurer un avantage principal de nature fiscale. **Descriptions spécifiques actuelles** • **trois marqueurs généraux** destinés à appréhender des caractéristiques révélatrices d'une évasion fiscale i. confidentialité ; ii. prime de résultat ; iii. produit fiscal normalisé ; • **une ou plusieurs catégories spécifiques d'avantages fiscaux** pour cibler des risques connus, par exemple les montages générant des pertes ou portant sur les revenus du travail.	Les montages tombant sous le coup de ce régime relèvent : • **d'un marqueur général** Opération comportant une clause de dégagement ou de limitation de la responsabilité du fiscaliste • **de marqueurs spécifiques** i. participant à une entité bénéficiant d'un régime fiscal particulièrement favorable ou exonérée d'impôt ; ii. opérations financières donnant lieu à un reclassement du revenu, par exemple crédit-bail, instruments hybrides ; iii. utilisation de résultat imposable négatif Les montages soumis à déclaration sont ceux **ayant pour objectif unique ou principal l'obtention d'un avantage fiscal.**	Une « opération soumise à déclaration » est une opération ayant pour objet l'évasion fiscale qui correspond à au moins deux des trois marqueurs suivants : i. commissions calculées en fonction des résultats fiscaux, par exemple une prime de résultat ; ii. clause de confidentialité ; iii. protection contractuelle. Selon la loi canadienne relative à l'impôt sur le revenu, une opération d'évasion fiscale est une opération qui a pour résultat un avantage fiscal et **dont on ne peut raisonnablement considérer qu'elle ait été effectuée ou mise en place principalement pour des motifs autres que l'obtention de cet avantage fiscal.**	Les montages soumis à déclaration sont divisés en deux rubriques : « **les catégories spécifiquement répertoriées** » et « **les opérations présentant certaines caractéristiques** » qui sont censées procurer des avantages fiscaux. • **catégories spécifiquement répertoriées par l'administration fiscale :** i. un montage qui aurait été traité comme un « instrument hybride de capitaux propres » si la période applicable à cet égard avait été de dix ans ; ii. un montage qui aurait été traité comme un « instrument hybride de dette »si la période applicable à cet égard avait été de dix ans ; ou iii. tout montage mentionné dans un document public d'information.

	Royaume-Uni	États-Unis	Irlande	Portugal	Canada	Afrique du Sud
Ce qui est déclaré *(suite)*		Une « opération digne d'attention » est une opération identique ou sensiblement similaire à ce que l'administration fiscale a désigné dans un document publié comme une opération présentant un intérêt pour elle. Ce sont les opérations sur lesquelles l'administration fiscale souhaiterait détenir des informations supplémentaires afin de déterminer si elles ont pour finalité l'évasion fiscale.			Le concept d'opération soumise à déclaration a été élargi. Le régime relatif aux abris fiscaux ne s'applique qu'aux donations et à l'acquisition d'éléments de patrimoine (ce régime est toujours en vigueur et remplit bien ses objectifs).	• **montages soumis à déclaration présentant certaines caractéristiques :** i. le calcul d'intérêts, coûts de financement, commissions ou d'autres frais dépend totalement ou partiellement des avantages fiscaux procurés par le montage ; ii. soit l'opération a pour résultat un « carrousel » de fonds auquel participe une partie accommodante ou fiscalement neutre ; soit elle comporte des éléments qui s'annulent ou se compensent ; soit elle présente des caractéristiques sensiblement similaires ; iii. l'opération donne lieu : a. à une déduction aux fins fiscales, sans enregistrement d'une charge correspondante en comptabilité financière ; ou b. à l'enregistrement d'un produit en comptabilité financière, sans le revenu brut correspondant aux fins fiscales ; • l'opération a pour résultat que l'on ne peut raisonnablement s'attendre à un bénéfice avant impôt pour quiconque y participe ; • la valeur actuelle de l'avantage fiscal dépasse la valeur actuelle du bénéfice avant impôt obtenu par les participants.

	Royaume-Uni	États-Unis	Irlande	Portugal	Canada	Afrique du Sud
Déclaration des détails du montage	**Utilisateurs** : ils doivent mentionner le montage en inscrivant son numéro de référence (NRM) sur une déclaration. **Fiscalistes** : ils doivent déclarer le montage. • En règle générale, les utilisateurs ne sont pas tenus de donner les détails du montage à l'administration fiscale britannique.	L'obligation de donner les détails du montage incombe à la fois aux **contribuables** et aux conseillers de référence.	**Utilisateurs** : en règle générale, les utilisateurs ne sont pas tenus de donner les détails du montage à l'administration fiscale irlandaise. Toutefois, ils peuvent l'être dans certains cas où le fiscaliste n'est pas couvert par l'obligation déclarative (voir ci-dessus). **Fiscalistes** : ils doivent déclarer le montage (la règle générale est que cette obligation incombe aux fiscalistes).	**Utilisateurs** : en règle générale, les utilisateurs ne sont pas tenus de donner les détails du montage à l'administration fiscale portugaise. Mais ils sont tenus de déclarer le montage si celui-ci est conçu en interne ou si ses fiscalistes sont établis à l'étranger. **Fiscalistes** : ils doivent déclarer le montage.	L'obligation de communiquer les détails d'une opération soumise à déclaration incombe aux contribuables, aux conseillers et aux fiscalistes.	L'obligation de communiquer les détails d'un montage incombe au fiscaliste et aux participants. **Utilisateurs** : en règle générale, les utilisateurs ne sont pas tenus de donner les détails d'un montage à l'administration fiscale sud-africaine. Mais ils doivent inscrire dans leur déclaration annuelle le numéro fiscal de référence de l'opération soumise à déclaration. **Fiscalistes** : sont tenus de déclarer le montage.
Procédure	• Le fiscaliste doit habituellement déclarer le montage à l'administration fiscale britannique dans un délai de **cinq jours** après qu'il a été mis à la disposition de clients ; • L'administration fiscale britannique attribue un NRM au fiscaliste ; • Le fiscaliste communique le NRM aux clients qui utilisent le montage ; • Le fiscaliste transmet à l'administration un rapport trimestriel sur les clients qui ont utilisé le montage. • Les clients doivent inscrire le NRM dans une déclaration sur laquelle l'utilisation du montage a un effet.	• Le conseiller de référence doit se déclarer comme tel auprès du Bureau d'analyse des niches fiscales (OTSA) au plus tard le dernier jour du mois suivant le trimestre pendant lequel il est devenu conseiller ; • Le conseiller de référence reçoit un numéro à neuf chiffres au titre de l'opération soumise à déclaration dont il a fait état ; • Il le communique à tous les contribuables à qui il fournit de l'aide, une assistance ou des conseils ; • Le contribuable établit une déclaration spécifique qui est ajoutée à sa déclaration fiscale et adressée à l'OTSA la première fois qu'il en fait état.	• Le fiscaliste déclare une opération soit dans un délai de cinq jours après que la conception montage a été « entièrement achevée » et qu'un contact commercial a été pris, soit dans un délai de cinq **jours** après le moment où il est prêt à être utilisé par un tiers. • Lorsque l'obligation déclarative incombe à l'utilisateur, la déclaration doit aussi être faite dans un délai de **cinq jours** à partir de la date de la première opération effectuée par l'utilisateur dans le cadre du montage. • L'administration fiscale irlandaise doit attribuer un numéro d'opération unique à la personne qui déclare le montage.	• Le fiscaliste doit déclarer un montage à l'administration fiscale dans un délai de **20 jours** suivant la fin du mois pendant lequel le montage a été mis à la disposition de clients ; • Le fiscaliste n'est pas obligé de fournir à l'administration fiscale la liste des clients qui utilisent le montage. • Les utilisateurs sont tenus de déclarer un montage avant la fin du mois qui suit celui de l'utilisation si l'obligation déclarative leur incombe. (voir ci-dessus) • Il n'y a pas de numéro d'identification unique. (le Royaume-Uni dispose d'un système de numéros de référence).	• Une opération soumise à déclaration doit être déclarée au plus tard le 30 juin de l'année civile qui suit celle pendant laquelle elle est devenue soumise à déclaration. • Si une obligation déclarative incombe à plusieurs personnes au titre d'une opération soumise à déclaration, l'envoi par l'une d'entre elles d'une déclaration complète et exacte libère les autres personnes concernées de leurs propres obligations déclaratives. • À la différence du régime relatif aux abris fiscaux, aucun numéro de référence n'est attribué aux montages soumis à déclaration.	• Le montage soumis à déclaration doit l'être dans un délai de 45 jours après qu'un contribuable a pour la première fois perçu une somme ou commencé à constituer un droit. • L'administration attribue un numéro de référence aux montages soumis à déclaration. • Le contribuable doit déclarer sa participation à une opération soumise à déclaration et inscrire dans sa déclaration annuelle le numéro fiscal de référence de l'opération.

	Royaume-Uni	États-Unis	Irlande	Portugal	Canada	Afrique du Sud
Procédure *(suite)*		• Le contribuable doit mentionner dans sa déclaration le ou les numéros attribués aux opérations soumises à déclaration s'il y a un conseiller de référence qui a reçu le ou les numéros ; • Le conseiller de référence a aussi l'obligation d'établir une liste donnant l'identité de toutes les personnes auprès desquelles il a agi ès qualité ; • La liste doit être adressée à l'administration fiscale dans un délai de 20 jours ouvrables après la date de réception d'une demande écrite de l'administration.	• Si le montage fait l'objet d'une obligation déclarative le fiscaliste doit donner ce numéro d'opération aux clients. • Les clients doivent inclure le numéro d'opération sur leur déclaration de revenus • Un fiscaliste est tenu de remettre à l'administration fiscale la liste de tous les contribuables en mesure d'utiliser le montage. Toutefois, la loi de finances de 2011 a modifié les dispositions retenues à l'origine en dispensant de l'obligation déclarative les fiscalistes ayant vérifié qu'un client n'a pas effectué d'opération à ce moment. Si une opération a lieu ultérieurement, les données relatives au client concerné devront être communiquées par la voie normale. • La liste de clients doit être communiquée dans un délai de 30 jours après que le fiscaliste a appris qu'une opération soumise à déclaration a eu lieu. • Pour les montages conçus « en interne », la déclaration doit intervenir dans un délai de 30 jours après la date de la première opération effectuée par l'utilisateur.			

	Royaume-Uni	États-Unis	Irlande	Portugal	Canada	Afrique du Sud
Voies d'exécution	La non-déclaration n'empêche pas le montage d'exercer ses effets. [amendes prévues] • Le montant des amendes pour non déclaration va jusqu'à 1 million GBP. • Si un utilisateur omet de mentionner dans sa déclaration qu'il utilise un montage, l'amende est de 100 GBP pour la première omission de 500 GBP pour la deuxième et de 1 000 GBP pour les suivantes (sanctions cumulables pour chaque montage non déclaré). • L'amende pour non déclaration d'une liste de clients va jusqu'à 5 000 GBP par client omis.	La non-déclaration n'empêche pas le montage d'exercer ses effets. [amendes prévues] • Conseiller de référence : un conseiller de référence qui omet de mentionner une opération soumise à déclaration autre qu'une opération répertoriée ou qui donne des informations inexactes ou incomplètes sur une opération de ce type est passible d'une amende de 50 000 USD. • L'amende imposée à un conseiller de référence pour avoir omis de déclarer des opérations répertoriées, est égale au plus élevé des deux chiffres suivants : 200 000 USD ou 50 % (avec majoration à 75 % en cas soit d'omission intentionnelle, soit de déclaration fausse ou incomplète) du revenu brut tiré de l'aide, de l'assistance ou des conseils dispensés pour l'opération désignée.	La non-déclaration n'empêche pas le montage d'exercer ses effets. [amendes prévues] • Une amende pour non déclaration initiale, d'un montant maximum de 500 EUR par jour, s'applique d'abord ; elle est suivie d'amendes de 500 EUR par jour. • Un fiscaliste qui omet de déclarer une liste de clients est passible d'une amende initiale pouvant aller jusqu'à 4 000 EUR, puis d'une amende de 100 EUR par jour si l'omission persiste après application de la première amende.	La non-déclaration n'empêche pas le montage d'exercer ses effets. [amendes prévues] • Les amendes pour non-déclaration vont de 5 000 à 100 000 EUR pour un fiscaliste et 500 à 80 000 EUR pour un utilisateur.	Tout avantage fiscal généré par une opération soumise à déclaration est refusé tant que la transaction n'a pas été dûment déclarée (et que les amendes applicables n'ont pas été payées), sans devoir prouver que le montage est abusif. [amendes prévues] • Toute personne soumise à l'obligation déclarative est passible d'une amende égale au total des commissions de résultat et des commissions relatives à des opérations avec protection contractuelle auxquelles les fiscalistes/ conseillers peuvent prétendre au titre d'une opération soumise à déclaration. • Chaque fiscaliste ou conseiller est solidairement responsable avec le contribuable – responsable uniquement à concurrence du montant des commissions que le fiscaliste ou le conseiller est fondé à percevoir. • Prolongation de la période normale de nouvelle cotisation d'au moins trois ans à compter de la date de dépôt du formulaire.	Le fait de ne pas déclarer n'empêche pas le montage d'exercer ses effets. [amendes prévues] • Une amende mensuelle pour non déclaration d'un montant de 50 000 ZAR pour un participant et de 100 000 ZAR pour un fiscaliste (jusqu'à 12 mois) s'applique ; elle est doublée si le montant de l'avantage fiscal anticipé dépasse cinq millions ZAR et triplée s'il dépasse dix millions ZAR.

	Royaume-Uni	États-Unis	Irlande	Portugal	Canada	Afrique du Sud
Voies d'exécution *(suite)*		• Si un conseiller de référence omet de communiquer à l'administration fiscale la liste demandée dans un délai de 20 jours ouvrables après la date d'envoi de la demande écrite de l'administration, l'amende est de 10 000 USD pour chaque jour de non déclaration après l'expiration du 20ème jour ouvrable, à moins que cette omission ait un motif raisonnable. • Le contribuable : si un contribuable omet de mentionner une opération soumise à déclaration, il est passible d'une amende égale à 75 % de la réduction d'impôt résultant de l'opération, avec un minimum de 5 000 USD et un maximum de 200 000 USD selon la catégorie de contribuable et la nature de l'opération soumise à declaration.				

Note : a. L'obligation déclarative a été allégée : en vertu des règles applicables aux niches fiscales, seuls les fiscalistes sont tenus de déclarer à l'administration fiscale canadienne.

ORGANISATION DE COOPÉRATION ET DE DÉVELOPPEMENT ÉCONOMIQUES

L'OCDE est un forum unique en son genre où les gouvernements oeuvrent ensemble pour relever les défis économiques, sociaux et environnementaux que pose la mondialisation. L'OCDE est aussi à l'avant-garde des efforts entrepris pour comprendre les évolutions du monde actuel et les préoccupations qu'elles font naître. Elle aide les gouvernements à faire face à des situations nouvelles en examinant des thèmes tels que le gouvernement d'entreprise, l'économie de l'information et les défis posés par le vieillissement de la population. L'Organisation offre aux gouvernements un cadre leur permettant de comparer leurs expériences en matière de politiques, de chercher des réponses à des problèmes communs, d'identifier les bonnes pratiques et de travailler à la coordination des politiques nationales et internationales.

Les pays membres de l'OCDE sont : l'Allemagne, l'Australie, l'Autriche, la Belgique, le Canada, le Chili, la Corée, le Danemark, l'Espagne, l'Estonie, les États-Unis, la Finlande, la France, la Grèce, la Hongrie, l'Irlande, l'Islande, Israël, l'Italie, le Japon, le Luxembourg, le Mexique, la Norvège, la Nouvelle-Zélande, les Pays-Bas, la Pologne, le Portugal, la République slovaque, la République tchèque, le Royaume-Uni, la Slovénie, la Suède, la Suisse et la Turquie. La Commission européenne participe aux travaux de l'OCDE.

Les Éditions OCDE assurent une large diffusion aux travaux de l'Organisation. Ces derniers comprennent les résultats de l'activité de collecte de statistiques, les travaux de recherche menés sur des questions économiques, sociales et environnementales, ainsi que les conventions, les principes directeurs et les modèles développés par les pays membres.

ÉDITIONS OCDE, 2, rue André-Pascal, 75775 PARIS CEDEX 16
(23 2015 37 2 P) ISBN 978-92-64-25239-4 – 2016

www.ingramcontent.com/pod-product-compliance
Lightning Source LLC
LaVergne TN
LVHW081415110826
845149LV00010B/1750
* 9 7 8 9 2 6 4 2 5 2 3 9 4 *